Anne Bax, Anika Auweiler: Lesbe ist nur ein Wort

Anne Bax
Anika Auweiler

Lesbe ist nur ein Wort

Texte und Lieder
rund um Spaß bei Saite

konkursbuch
VERLAG CLAUDIA GEHRKE

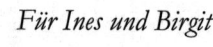

Für Ines und Birgit

Ohne Worte

Zuerst gefiel mir die Stille um uns herum. Nach den langen Jahren, in denen jede Begegnung mit dem anderen Geschlecht einen laut tosenden Wort-Wirbelsturm von Vermutungen und Ermunterungen nach sich gezogen hatte, war die Stille um uns beide eine Erholung. Aber dann, nach und nach war die Stille eine Wüste geworden, in der ich hilflos nach Worten gesucht hatte, die einer Fata Morgana gleich in der Luft flirrten, aber nie wirklich greifbar waren. Und du warst in diesem lautlosen Flirren verschwunden und ich hatte nichts dagegen tun können.

Warum war es plötzlich so still um dich und mich geworden?

Es war so still, weil du kein Junge warst.

Wann immer ich neben einem Jungen gesessen hatte oder gegangen war, hatte eine Kakofonie der Begeisterung eingesetzt. »Ist das dein Freund?«, brüllten Tanten und Omas schon im Kindergartenalter, wenn ich mit einem Jungen spielte. »Verliebte! Verliebte!«, schrie man auf dem Grundschulschulhof jeder gemischtgeschlechtlichen Spielpaarung hinterher. Gerade hatten der kleine Marc und ich noch an einem Plan für eine geheime Hütte im Gebüsch hinter der Schule gearbeitet und jetzt schauten wir uns verlegen an und überlegten, ob wir wirklich etwas anderes füreinander sein mussten als siebenjährige Hüttenplaner.

Ich spielte lieber mit Jungen als mit Mädchen, war aber mit zwölf Jahren definitiv davon überfordert, mit dem immer dreckverkrusteten Stürmer meines Fußballteams die von der Welt herbeigeschriene Hochzeit zu planen. Es war eine Gratwanderung auf einem olympisch schmalen Schwebebalken und ich balancierte mit zunehmendem Alter immer schlechter. Wer ab und zu mit Jungen spielte, trat die Lawine der sehr frühzeitigen Hochzeitsgratulationen los, wer nur mit Jungen spielte, wurde zwar als echter Junge gelobt, aber auch heimlich im Auge behalten. Zu »sportlich« zu werden, war eine Entwicklung, der die Welt der Siebzigerjahre bei Mädchen entgegenwirken wollte. Die sexuelle Revolution war gekommen und gegangen, hatte die Pille salonfähig gemacht und ein paar sexuelle Identitäten unbefreit zurückgelassen.

Mit dem Einsetzen der Pubertät wurde mir und meinen männlichen Spielkameraden der Schwebebalken zu schmal und wir zogen uns in die für uns vorgesehenen Enklaven zurück.

Da brüllten meine Freundinnen und ich uns dann die ewigen Geschichten von der Liebe und wie sie beginnt in unserer rein femininen Welt nun gegenseitig zu. Wer hatte wen angesehen? Wer hatte neben wem gesessen? Wer hatte wen beim Sport in seine Mannschaft gewählt? Hatte der süße Junge aus der Parallelklasse seine Tasche zufällig oder absichtlich so nah neben die Tasche einer Klassenkameradin gestellt? Da wir noch nicht wirklich wussten, wie die Gesetze der Attraktion funktionierten, konnte alles und nichts ein Hinweis sein. Jeder Popsong jubilierte uns die Freuden der Heterosexualität entgegen und im Zentralorgan der Pubertät, der »Bravo«, bebilderten wöchentliche Foto-Lovestorys unsere Träume und Befürchtungen. Jungen beschrieben, von Hormonen und Gruppendruck getrieben, unsauber abgerissene Zettel mit verschmierter Tinte, die dann in den Stunden unter den Tischen zur Empfängerin gereicht wurden. »Willst du mit mir gehen?«, stand da meist oder »Kino?«, wenn der Mut beim Schreiben versagt hatte. Ja, kreuzten wir Mädchen an, oder nein, und das hatte beides kaum Konsequenzen, oder nur für ein paar Tage, hielt einen aber mitten im Brunnen der ewig sprudelnden Worte.

Du wurdest aus einer benachbarten Schule in unsere Klasse zurückversetzt, als ich vierzehn war und du sechzehn. Bei meinen Freundinnen schrillten die Alarmglocken, als uns das verkündet wurde. Eine reife Frau von sechzehn Jahren war in der Lage, die etablierten Hierarchien durcheinanderzubringen. Uschi und Ulla, zwei von drei Ursulas in unserer Klasse, beide seit ihrem 10. Geburtstag die unangefochtenen Klassenschönheiten, zückten synchron die Stielkämme, die sie immer griffbereit in den Brusttaschen ihrer Jeansjacken trugen, als du mit dem Klassenlehrer den Raum betratst. Die metallenen Stiele in ihren Fäusten funkelten drohend, während sie die pinken Plastikzacken durch ihre langen blonden Haare zogen. Du warst langhaarig, aber nicht blond, sportlich, aber ohne weibliche Körperformen. Die Jungen tauschten ungerührt unter den Tischen weiter Panini Bilder, Uschi und Ulla steckten die Kämme wieder ein und du setztest dich ganz hinten in die Klasse.

In der Mitte des Schuljahres saßen wir plötzlich in Latein nebeneinander und versuchten gemeinsam, der lang verstorbenen Sprache etwas Leben einzuhauchen. Vergeblich, natürlich, aber der aussichtslose Kampf ließ uns nach weiteren Gemeinsamkeiten suchen. Interessanterweise fanden wir kaum welche. Du liebtest Mathematik und sie war meine natürliche Feindin, du sahst in jeder sportlichen Betätigung eine Herausforderung, ich eine Bedrohung, du spieltest im Einfamilienhaus deiner Eltern auf dem Klavier, in der Mietwohnung meiner Eltern war kaum Platz für eine Blockflöte.

Trotzdem fanden wir uns immer häufiger nebeneinander wieder, stumm und nicht abgesprochen warst du morgens an der Haltestelle, wenn ich zur Schule ging, wir saßen in Arbeitsgruppen zusammen und arbeiteten an gemeinsamen Projekten. Niemand kommentierte das. Niemand brüllte, vermutete, blinzelte und kicherte. Wir waren da und nah und wir waren nicht da. Ein neuer Schwebebalken, auf dem wir wortlos und synchron balancierten. Es war, als ob wir plötzlich gemeinsam in einem Paralleluniversum gestrandet waren, in dem andere Gesetze herrschten. Nichts hatte einen Namen, nicht die unsichtbare Kraft, die uns zueinander zog, nicht das plötzliche Glück, dich überraschend zu sehen, nicht der Wunsch, meinen Arm immer dichter an deinen Arm zu drücken. Wir hatten unsere eigene Zone, in der nicht über uns gesprochen wurde und in der wir nicht über uns sprechen konnten. Trat ich einen Schritt nach draußen und bewarf Tim aus purem Übermut mit einer kleinen Papierkugel, tobte der Wortsturm los. Waren wir verliebt, verlobt, verheiratet? Passten wir gut oder schlecht zueinander? Küssen? Wollten wir das? Petting? Stand das jetzt an? Gingen wir zusammen? Wann würden wir Sex haben? Tim hatte die Kugel zurückgeworfen, das offenbarte allen die dicht unter der Oberfläche schlummernden, gewaltigen Kräfte, die uns zueinander zogen. Also wurde unsere gemeinsame Zukunft jetzt kreischend diskutiert. Natürlich diskutiertest du mit, vielleicht etwas weniger begeistert als die anderen, aber wie sollte ihnen das in ihrem Rausch auffallen. Mir fiel es auf.

»Willst du wirklich mit Tim gehen?«, fragtest du mich nach der Schule, wir saßen im Kreis mit dutzenden Schulkameradinnen, und unter deinem gleichgültig intonierten Satz lag eine Frage, die wieder keine Worte hatte. Mir war nicht klar, wann ich angefangen hatte, diese sprachlosen Bedeutungen zu hören und zu verstehen, aber ich begriff, dass du mich etwas anderes gefragt hattest. Auf das ich auch antwortete, als ich genauso gleichgültig »Ne, will ich eigentlich nicht« sagte.

Du lachtest viel zu froh und knülltest übermütig eine Seite Papier zusammen, um sie nach mir zu werfen. Ich sah mich um, du hattest schließlich eine ganze Papierseite geworfen, eine vergleichsweise riesige Kugel, aber der Wortsturm blieb aus und so warf ich zurück. Wir sahen uns an und in mir explodierte irgendein wichtiges Organ, wahrscheinlich das Herz, und eine drängende Wärme durchströmte mich, die mich über Tag unruhig und nachts schlaflos machte.

Man war hinter jemandem her, man war verliebt, verrückt, verknallt, verschossen, hatte Schmetterlinge oder Kribbeln im Bauch, es gab so viele Worte und ich hatte keines davon gefühlt, jetzt fühlte ich tausend Dinge und hatte keine Worte.

Tim wollte unsere Beziehung für alle sichtbar besiegeln und das hieß, dass wir gemeinsam ins Kino mussten. Er suchte den Film aus und es war irgendein Blockbuster, in dem übermäßig großer Sach- und Personenschaden die Handlung ersetzte und für den wir gerade alt genug waren. Der Film interessierte mich nicht, so wie mich die verschiedenen Szenarien, die meine Freundinnen am Tag vorher entwarfen, nicht interessierten. Ich war mit meinen explodierenden Organen und der Verwüstung, die sie in meinem Inneren anrichteten, beschäftigt und lauschte dem eifrigen Geplapper um mich herum nur halbherzig. Würde Tim schon während des Films die schützende Dunkelheit nutzen und seinen Arm um mich legen? Würde er mich in einem nächsten mutigen Vorstoß küssen? Alles wurde diskutiert und Tim war in allen Visionen mit dem Initiieren sexueller Handlungen beauftragt, während ich nur über den Grad meiner Akzeptanz nachzudenken hatte. Was wollte ich gestatten? Was wollte ich verbieten? Ich sah zu dir herüber, aber dein Kopf blieb gesenkt und du nahmst die Augen nicht vom Buch, das vor dir lag. Die Ansichten, wie weit ich Tim bei unserem ersten Date gehen lassen sollte, gingen auseinander, und das Konzil der Klassenkameradinnen einigte sich schließlich, dass ein erster Kuss mit Zunge die Grenze sein sollte. Du hattest wenig zur Diskussion beigetragen und als der weiße Rauch einer geteilten heimlichen Zigarette die Entscheidung Zungenkuss verkündete, sah ich, wie die Hand, mit der du während des gesamten Gesprächs einen Kreis auf ein Blatt Papier gemalt hattest, ein wenig zuckte und der ebenmäßige Kreis dadurch einen wütenden Zacken bekam. Und ich konnte den Zacken fühlen, wie er mich mit heftigem Strich durchfuhr.

Während ich im Kino zusah, wie unglaublich viele Menschen durch Waffen, Autoverfolgungsjagden und Explosionen Schaden nahmen und Tim neben mir unruhig Popcorn kaute, überlegte ich, warum ich den Bleistiftzacken überall fühlen konnte, während Tims Arm, der immer wieder an meinen stieß, sich ähnlich, wie die gepolsterte Stuhllehne anfühlte, nicht unangenehm, aber auch nicht wichtig. Irgendwie schien Tim nicht den richtigen Moment zwischen den vielen gewalttätigen Todesfällen und dem Popcorn zu finden, um unsere Beziehung voranzutreiben und so verließen wir das Kino einfach als Klassenkameraden. Der Kinobesuch wurde im Freundinnenverbund ausgiebig besprochen, bewertet und ich wurde getröstet, als Tim eine Woche später mit einer der Ursulas knutschend in einem anderen Film gesichtet wurde. Ich versuchte die Erleichterung, die ich fühlte, als Liebeskummer zu verkaufen, was alle problemlos akzeptierten.

Du warst auffallend bemüht, mich über den Verlust meines Seelenverwandten in spe hinwegzutrösten, und alle fanden es eine wunderbare Idee, als du mich für ein langes Wochenende in das Ferienhaus deiner Eltern an einem nahegelegenen Stausee einludest. Meine Eltern waren genauso begeistert, als deine Mutter den Vorschlag persönlich überbrachte, und unterstützten meinen Kontakt zu einer Familie mit Haus und Ferienhaus nach Kräften. Das Glück, das ich fühlte, weil wir für vier Tage ununterbrochen am selben Ort weilen würden, wurde nur von der immer noch andauernden Unruhe übertroffen.

Deine Eltern waren das, was man in den siebziger Jahren als moderne Eltern bezeichnete. Sie waren jung, rauchten, gingen auf Partys und hielten nichts von autoritärer Erziehung. Wir standen beide fast reglos im kleinen Wohnzimmer des Ferienhauses, während sie in leuchtend bunter Kleidung um uns herumflatterten, direkt nach der Ankunft schon auf dem Weg zu Freunden und Bekannten.

»Toll, dass Karen endlich eine Freundin mitbringt«, lächelte deine Mutter und: »Kommt doch auch zur Party«, lächelte dein Vater und wir standen still und winkten schließlich, als sie über den kleinen Weg in der Ferienanlage davoneilten, wie mystische Wesen, umgeben vom Qualm ihrer jeweiligen Zigaretten.

»Die sehen wir vor morgen Nachmittag nicht wieder.« Du hattest zwei kleine Flaschen Fanta aus dem Kühlschrank geholt und drücktest mir eine in die Hand.

»Sie lassen dich hier einfach alleine?« Ich trank einen schnellen kalten Schluck.

»Ich bin doch nicht alleine.« Dein Blick traf mich mitten im nächsten Schluck und die kalte süße Brause stolperte blubbernd in meine Luftröhre. Ich hustete verzweifelt und du schlugst mir lachend auf den Rücken.

Der Sommertag war endlos und ich sah dich an und wollte immer irgendetwas sagen, für das ich wieder und wieder keine Worte hatte. Wir rannten, wir schwammen im See, du kanntest Gott und die Welt und alle grüßten und lachten, es war laut.

In der Dunkelheit deines Zimmers war es still, ohne die ständigen Worte von außen waren wir auf uns gestellt und das, was wir nicht sagen konnten, wurde sanft und weich. Wir teilten eine verbotene Zigarette, natürlich, und deine Hand streifte meine, wenn wir sie tauschten. Du beugtest dich vor und ich tat das auch und schloss die Augen. Du nahmst deinen Kopf ruckartig zurück. »Bist du …?« Du gingst unruhig im Zimmer auf und ab.

»Was? Nein!« Ich rannte aus dem Zimmer hinaus in die Sommernacht, die immer noch erfüllt war von den Klängen der anderen Menschen. Leise Musik von einer fernen Party, Stimmengewirr aus einem Garten, aus einem Haus schepperte ein Radio blechern und ein körperloser Nachrichtensprecher verkündete, dass das Wetter auch morgen wieder schön sein würde. Ich war verzweifelt. Was hatte ich getan? Was hattest du gefragt und ich verneint?

Du erschienst neben mir wie ein übernatürlicher Schatten und ich zuckte zusammen.

»Kommst du wieder rein, ich …«

Ich nickte und folgte dir zurück in die Stille.

»Ich …« Du sahst mich in der Dunkelheit hilflos an.

»Ich weiß«, flüsterte ich. »Ich auch.«

Dein Kuss war so ungeschickt, so zart und so unerhört, dass meine ganze Welt in dieser einen Berührung explodierte und die winzigen Teile auf uns herabregneten. Mein ganzes Leben war ich mit lauten Worten, mit Geflüster und Gelächter, mit bedeutungsschwangeren Blicken und rüden Gesten auf den Kuss eines unbekannten Jungen vorbereitet worden. Und all das war jetzt nur noch Konfetti, bunt und wertlos. Jetzt fühlte ich in der Dunkelheit deine weiche Haut unter meiner Hand und ich schmeckte auf deinen weichen Lippen unsere gemeinsame Zigarette, die mit ihrem herben Tabakton vom Ende der Kindheit erzählte. Wir tasteten uns durch diese erste Nacht und suchten uns vorsichtig einen Weg in diese Welt ohne Worte.

Du warst meine erste Liebe und für die Welt warst du meine beste Freundin. Und wir gewöhnten uns an, in halben Sätzen zu sprechen.

»Meinst du, wir sind …?«

»Glaubst du, dass wir immer …?«

»Meinst du, dass die Neue in der Oberstufe…?«

Nach und nach waren wir sicher, unsichtbar zu sein und durch unsere Unsichtbarkeit geschützt. Am Ende des Sommers zeigte sich, dass das nicht so war und dass die lässige Progressivität deiner Eltern genauso eilig auflackiert war wie der schrille Nagellack deiner Mutter, der schnell splitterte und den Blick auf sehr durchschnittliche blasse Fingernägel preisgab.

»Ihr seid doch nicht etwa …?«, stieß sie gemeinsam mit scharf riechenden Mentholtabakwolken hervor, nachdem sie uns nackt und eng umschlungen geweckt hatte, und wartete die Antwort gar nicht ab. Ein Sturm brach los, der nie direkt ansprach, was er da mit voller Wucht zu verwirbeln hatte. Ich wurde wegen einer unbedeutenden Kleinigkeit des Hauses und des Ferienhauses verwiesen und du wurdest zu so vielen Ballettstunden angemeldet, dass uns kaum noch gemeinsame Zeit blieb. Erschreckt zogen wir uns in die Wortstrudel zurück und kurz vor Weihnachten hattest du endlich einen Freund. Der allgemeine Jubel war beträchtlich, es war, als hätte deine Mutter veranlasst, dass alle Glocken der Stadt für dieses junge Glück geläutet würden.

»Das verstehst du doch, oder? Warum auch nicht … wir sind doch nicht …« Dein Blick hatte all das verloren, was ihn von den anderen Blicken auf der Welt unterschieden hatte, ich konnte nur noch deinen Wunsch erkennen, ungestört in die Welt der Worte zurückzukehren.

»Doch, wir sind lesbisch, also ich bin es auf jeden Fall und ich bin sehr verliebt in dich, bitte verlass mich nicht!« Habe ich nicht gesagt und mir später oft vorgestellt, was passiert wäre, wenn ich es getan hätte. So stand ich nur einen Moment stumm da und versuchte mich zu erinnern, welche Gesichtsmuskeln ich für ein Lächeln bewegen musste.

»Rainer hat mich gefragt, ob ich mit ihm gehen will«, habe ich so oder ähnlich hervorgestoßen, und der Schmerz, der kurz in deinen Augen auflodert war, hat mir gutgetan.

»Cool.« Der Anglizismus hatte unfreiwillig gut den Klang deiner Stimme und unsere Beziehung in den nächsten Wochen beschrieben.

Das Kurssystem der Oberstufe erlöste uns schnell genug vom Klassenverband und neue Freundeskreise ersetzen die alten. Die Wortstrudel trieben uns weiter und weiter auseinander und wir ließen das beide zu.
Ich habe dich nach dem Abitur nie wiedergesehen, du warst auf keinem Klassentreffen und niemand wusste so recht, was aus dir geworden war. Manchmal frage ich mich heute noch, ob du gelernt hast, die Sätze zu Ende zu sprechen oder ob du ohne Gegenwehr in den stillen Wassern ertrunken bist.

Die Gedanken sind frei

In der Literatur, sei sie nun trivial oder nobelpreisverdächtig, ist alles möglich. Alles! Denn das ist ja der große Vorteil der erfundenen Geschichte. Man tummelt sich sorglos auf fremden Planeten (mit und ohne Schwerkraft, mit und ohne Sauerstoff), erkundet fremde Welten, durchpflügt Jahrhunderte, die noch kommen oder kommen könnten oder längst vergangen sind, und man genießt ausgiebig die Gesellschaft von Kreaturen, bei deren Anblick man in der Realität wahlweise die Polizei, den örtlichen Exorzisten oder einen Zoo mit extra starken Käfigen anrufen würde.

Raumschiffe, Vampire, Zauberlehrlinge, Zeitreisen, alles kein Thema.

Wir reiten Drachen, treffen glitzernde Untote im nordamerikanischen Regenwald und rennen in einem englischen Bahnhof mutig mit dem Koffertrolley durch festes Mauerwerk.

Es lebe die Fantasie!

All das bekommt der Mainstream weltweit hin, ohne mit der getuschten Wimper zu zucken oder die sorgfältig ausrasierten Bartstreifen zu runzeln. Nicht ein einziges Mal habe ich die folgenden Argumente gehört:

»Ach da geht es um Zauberlehrlinge? Das ist nichts für mich, die kommen in meinem Leben nicht vor.«

Sagt niemand.

»Auf dem Mars war ich noch nie, deshalb möchte ich davon auch nichts lesen.«

Sagt auch keiner.

Also ist im Raum unter unserer Schädeldecke doch alles möglich und die Gedanken sind frei?

Ja!

Und interessanterweise Nein!

Denn es gibt ein paar freie Gedanken, bei denen der Mainstream vor der Backsteinwand steht, wie Muggles am Bahnsteig 9 3/4.

Nehmen wir einmal unsere gesamte Vorstellungskraft zusammen und erdenken Folgendes: Der gleiche Zufall, der entschieden hat, dass alle Zauberlehrlinge in Hogwarts heterosexuell sind, hat nun entschieden, dass sie es nicht sind.

Keiner.

Niemand.

Und sie sind auch nicht Jungen und Mädchen, sondern dieses von uns frei erfundene Internat besuchen nur Mädchen. Weil vielleicht nur Mädchen Zauberinnen werden können oder weil … (hier fantasievollen Grund einsetzen, der in Buch 4 zu einem großen Konflikt führt).

Und dann lassen wir unsere Vorstellung ruhen und folgen unseren jungen Hexen einfach 7 Bücher lang durch die gleichen Abenteuer, die ihre ebenfalls erdachten Vorbilder erlebt haben. Mit nur einem winzigen Unterschied (hier freie Gedanken auf die höchste Stufe schalten) – sie alle sind Lesben. Und sie alle interessieren sich in dem Maße für das eigene Geschlecht, wie es die weltberühmten Zauberer und Hexen für das andere Geschlecht tun. Sie streiten sich ein bisschen, ignorieren sich ein bisschen, verlieben sich in späteren Büchern.

Nicht mehr also, aber auch nicht weniger.

Wenn man sich das alles vorgestellt hat, kann man sich auch direkt vorstellen, wo diese Bücher heute stehen würden.

Bestsellertisch?

Bestsellerliste?

Auf der ewigen Verkaufsliste vor der Bibel?

Das kann man sich vorstellen, weil unsere Fantasie das ja möglich macht. In der Realität aber stünden sie wahrscheinlich in einem kleinen Seitenregal unter der Kategorie »Selbsthilfe, Lesben, Erotik«. Noch wahrscheinlicher würden sie in keiner größeren Buchhandlung stehen und nur in der Community bekannt sein, weil sie nämlich (Tusch!) Lesbenliteratur wären.

Das ist das große Geheimnis der Lesbe im geschrieben Text. Ihre Superkraft. Sie hat die Fähigkeit, jede Geschichte in eine nur noch für die »Betroffenen« vorstellbare Welt zu verwandeln.

Abrakadabra: Lesbenliteratur!

Kommt die Lesbe in größerer Menge oder stark disproportional zu ihrem Erscheinen in der Realität vor, so schiebt sie jeden Roman in ihre eigene Kategorie. Kein Drache, keine Hexe, kein Vampir ist stark genug, um das zu verhindern.

Die Lesbe sticht immer!

Es scheint, als müsste die Lesbe immer wohldosiert sein, so wie die Schwalbe. Eine Lesbe allein macht nämlich keine Lesbenliteratur. Im Krimi ist sie als Opfer schon immer gern gesehen, kann aber durchaus auch als Kommissarin den Mainstream erreichen. Allerdings darf die 1:10 Regel nicht verletzt werden. Eine lesbische Kommissarin, mit lesbischen Kolleginnen, die unter Lesben ermittelt? Dosierung nicht beachtet! Ergo: Lesbenroman. Ergo: Mainstreamerfolg unwahrscheinlich.

Denn plötzlich legen die geneigten LeserInnen, die gerade noch mit einer unsterblichen Vampirsippe in abgelegenen Wäldern Werwölfe jagten, Wert auf Realität. So viele Lesben in einem Roman, das ist doch unwahrscheinlich!

Ja, das ist es. Aber so wahrscheinlich sind Werwölfe mit einer Allergie gegen Oberhemden ja nun auch nicht, oder?

Neulich habe ich auf einer Podiumsdiskussion eine Lesbe den Satz sagen hören: »Früher habe ich viele Lesbenromane gelesen, aber das war mir zu einseitig, heute bin ich da weiter und lese nur noch heterosexuelle Literatur.«

Da habe ich die Macht dieser Superkraft ganz deutlich gespürt, sie schafft es sogar, die eigene Zielgruppe zu vertreiben.

Ich persönlich habe immer noch Hoffnung, dass die Gedanken auch ihr letztes Gefängnis verlassen werden und auf die ewigen Geschichten mit ausschließlich Heterosexuellen oder behutsam eingesprenkelten Andersartigen verzichten wollen.

Vorstellen kann man sich das doch. Oder?

Tausend und meine Nacht

Wenn ich nach Hause komme, kannst du richtig was erleben! Ich treib dir diesen Mist schon aus! Meinst du, du bist was Besseres?«

Der letzte Satz war durch meinen Kopf getaumelt, weil die schnelle Ohrfeige, die ihn begleitete, ihn aus dem Gleichgewicht gebracht hatte. Es war immer wieder verwunderlich, wie jemand, der so betrunken war, so gezielt zuschlagen konnte. Verwunderlich und schmerzhaft. Ich hatte mir die brennende Wange gehalten und versucht, mit einem Ärmel alle Tränen gleichzeitig zu erwischen. Die meisten hatte ich stoppen können, eine einzige war mir über die Wangen, den Hals hinab bis aufs Schlüsselbein gelaufen, wo sie unschlüssig verharrt hatte. Ich hatte sie mit zwei Fingern zerrieben. Die Haustür war laut zugeschlagen und die unsicheren Schritte meines Vaters auf dem abendlichen Asphalt, der sicher immer noch warm und großflächig bemalt war, waren verhallt. Den ganzen Nachmittag hatte ich dort draußen mit einer Horde Nachbarskinder Kästchen und Kreise gezeichnet, die man je nach Spiel nicht betreten durfte oder durchhüpfen musste.

Im Schutze der Nacht trug der verräterische Bodenbelag jetzt die Väter der Siedlung unsere Kreidekästchen entlang bis zur nächsten Straßenecke, wo ihre Stammkneipe einen starken Geruch nach Zigaretten und Bier durch die geöffnete Tür in die Dunkelheit atmete.

Es war die freie Woche zwischen der letzten Nachtschicht und der ersten Frühschicht, eine Zeitspanne, die ich fürchtete. Früher hatte ich viel darüber nachgedacht, warum man die Männer für so viele Stunden in die dunklen Gruben und an die glühenden Öfen schickte, heute fragte ich mich zunehmend, warum man sie zwischendurch nach draußen ließ.

Wir saßen jetzt schon eine ganze Weile um ein kleines Lagerfeuer, das knisternd brannte. Ich zusammengekauert und immer noch schniefend und wischend, die anderen entspannt oder in übertrieben akkuraten Schneidersitzen. Unsere Schatten flackerten im Licht der Flammen unruhig über die viel zu stark gemusterte Tapete, die ich mir selber hatte aussuchen dürfen. Eine Belohnung für irgendetwas, das ich richtiggemacht hatte, ich konnte mich nicht mehr erinnern, was es gewesen war. Die Flammen züngelten in einem kleinen Kreis aus Steinen. Ich war in den letzten beiden Jahren gut darin geworden, das Feuer so zu entzünden und zu hüten, dass es nicht mehr auf die Jugendzimmermöbel übergriff, die ich zur Kommunion bekommen hatte.

Schaden machte wirklich klug.

Uncas und Ismael hatten es sich auf alten schmutzigen Decken bequem gemacht und tranken gurgelnd aus einem Fass Rum, das sie sich immer wieder gegenseitig entrissen. Die englischen Internatszöglinge hielten auch im Sitzen den Rücken gerade und flüsterten leise miteinander. Scheherazade saß so dicht neben mir, dass ich die feine Seide ihres Gewandes an meinem nackten Bein fühlen konnte. Das beruhigte mich ein wenig, sie beruhigte mich, weil sie auch so viele gefährliche Nächte überlebt hatte. Und vielleicht war ich ganz nebenbei ein wenig verliebt in sie. Ich zog den feuchten Ärmel ein letztes Mal über die Augen und sprach laut in die Runde.

»Mist austreiben? Was meint ihr, was das heißt?«

Georgina, die sich so nicht nennen lassen wollte, und die Geschwister Julian, Richard und Anne schauten zu mir und zuckten mit den Schultern. Mir fiel wieder einmal auf, wie gut gebügelt ihre Schuluniformen aussahen, egal ob wir zusammen dichte Wälder durchstreiften, in versteckten Ruinen nach Geheimnissen forschten oder so wie jetzt am Lagerfeuer hockten.

»George?« Ich sah das Mädchen, das lieber ein Junge sein wollte, an, weil wir uns bei unseren gemeinsamen Abenteuern meist wortlos verstanden.

Sie zog einen kleinen Kompass aus ihrer Jacke und hielt ihn hoch. »Ich bin sicher, dass es mit dem alten Verlies im Wald zu tun hat. Komm, lass uns versuchen es zu finden. Bis zum Abendessen sind wir längst wieder im Internat.«

Ich konnte sie und ihre Cousins wirklich gut leiden, aber sie waren mir in solchen Momenten keine Hilfe. Letzte Woche hatten sie vermutet, dass der Grund für meine Probleme auf der Felseninsel vor der Küste zu finden sei und dass alles, was wir brauchten, ein Boot und eine Taschenlampe wäre. Vielleicht waren sie ja sogar schuld an meinen Problemen.

»War einer von euch außerhalb des Zimmers?«

Uncas und Ismael schüttelten schnell die Köpfe, aber sie sahen mich dabei nicht an. Scheherazade murmelte etwas Unverständliches und die Internatszöglinge blickten desinteressiert ins Feuer.

»Ismael?« Ich fixierte ihn misstrauisch und sein Auge zuckte, bevor er zu sprechen begann.

»Als ich vor einigen Jahren – wie lange es genau her ist, tut wenig zur Sache – so gut wie nichts in der Tasche hatte und von einem weiteren Aufenthalt auf dem Lande nichts mehr wissen wollte, kam ich auf den Gedanken, ein wenig zur See zu fahren, um die Welt des Meeres kennenzulernen. Man verliert auf diese Weise seinen verrückten Spleen und dann ist es auch gut für die Blutzirkulation.«

Wenn ich ihn nicht stoppte, würde er seine ganze, sehr lange Geschichte erzählen und obwohl ich sie liebte, hatte ich dafür jetzt keine Zeit.

»Du hast in Nantucket auf einem bizarr dekorierten Walfangschiff angeheuert, das nach dem ausgerotteten Stamm der Pequod-Indianer benannt war. Nach der Umrundung des Kaps der Guten Hoffnung habt ihr mehrfach Wale gesichtet, gejagt und erlegt. Viele gruselige Details übrigens, die ich lieber nicht gewusst hätte. Nach der Fahrt durch den Indischen Ozean und die indonesischen Inseln habt ihr östlich von Japan endlich von einer Sichtung des Weißen Wals gehört. Drei Tage habt ihr ihn gejagt, bis er euch gerammt und zum Sinken gebracht hat. Euer wahnsinniger Kapitän wurde in seinem Walboot in einer Bucht von der auslaufenden Harpunenleine erfasst und von dem abtauchenden Wal unter Wasser gezogen. Nur du hast dich auf Queequegs Sarg über Wasser gehalten und bist von einem anderen Walfänger als einziger Überlebender des Untergangs gerettet worden. Warst du jetzt im Wohnzimmer oder nicht?«

Ismael schaute betont beleidigt in die Runde und begann eines dieser jammernden Lieder zu singen, die er von Queequeg gelernt hatte.

»Schschschttt!« Ich legte wütend den Zeigefinger an die Lippen und er verstummte. Ich lauschte. Alles blieb ruhig. Das war gut, denn meine Mutter war immer müde und brauchte den Schlaf.

Es wäre nicht das erste Mal gewesen, dass die Pequod aus meinem kleinen Kinderzimmer über die schlecht verlegten Teppichfliesen im Flur mitten ins Wohnzimmer gesegelt wäre. Und obwohl die Schlafzimmertür immer geschlossen war, wenn mein Vater über Tag schlief, war er erwacht. Vielleicht war es das Knarren und Jammern der Takelage gewesen oder die heiser gebrüllten Kommandos der Mannschaft, die ihn geweckt hatten, vielleicht auch nur der Wind und die Wellen, die das Schiff brüllend umtosten. Ich wusste nicht nur viel zu viel über Walfang, ich wusste auch, dass sich Walfänger und Wechselschichten nicht vertrugen.

»Ich war ihnen auf der Fährte«, flüsterte Uncas in die Stille. »Ich weiß, dass ihrer so viele sind als Finger an meinen Händen. Aber sie haben sich wie Feiglinge verkrochen.« Ich drückte dankbar seine Hand, weil ich wusste, dass er bereit war, für mich in eine weitere Schlacht zu ziehen, die er nicht gewinnen konnte. Er erwiderte den Händedruck und sah mich ein wenig schuldbewusst an. Auch wenn er selber in der Lage war, sich lautlos zu bewegen, hatte eine Horde Büffel, denen er gefolgt war, vor ein paar Wochen überraschend die Richtung geändert und war in wilder Panik mit donnernden Hufen in einer gigantischen Staubwolke durch Küche und Badezimmer galoppiert.

Draußen vor dem Fenster waren jetzt Schritte zu hören, die langsam näherkamen und ich wartete ängstlich auf das Geräusch des Schlüssels im Schloss. Das metallische Knirschen blieb aus und die Schritte gingen vorbei.

Scheherazade zog mich an sich und immer öfter mischte sich neuerdings in ihrer Nähe die Angst mit einem anderen Gefühl, das auf seine eigene Art genauso beunruhigend war. Ich lehnte mich an sie und atmete den Duft nach Jasmin ein, der sie immer umgab. Wir hatten nicht viel gemeinsam, sie war die Tochter eines Wesirs, ich war die Tochter eines Hilfsarbeiters, sie hatte sich freiwillig gemeldet, um einen Mörder am Morden zu hindern, ich meldete mich noch nicht einmal freiwillig zum Abtrocknen. Ich wäre so gerne wie sie gewesen, oder ich hätte sie gerne geküsst. Sie strich mir zart über den Arm und unsere Augen trafen sich.

»Wie hast du das nur so lange überlebt?« Meine Frage weckte sofort die Geschichtenerzählerin in ihr und ihre Stimme wurde lebendig.

»Ich war immer beim Morgengrauen an einer so spannenden Stelle meiner Geschichten angelangt, dass der König unbedingt die Fortsetzung hören wollte und meine Hinrichtung aufschob. In der folgenden Nacht habe ich die Geschichte weitererzählt …«

»… und du hast sie am Morgen wieder an einer spannenden Stelle unterbrochen.« Es war ja nicht so, dass ich das nicht wusste.

Sie nickte und wir versanken wieder in einen dieser langen Blicke, die mich den mörderischen Herrscher, den sie nach 1001 Nächten geheiratet hatte, noch mehr hassen ließ.

Den englischen Internatszöglingen waren unsere tiefen Blicke unangenehm, und sie schrieben einen Zettel, den sie mir über Uncas und Ismael reichen ließen.

Wir müssen den verfallenen Leuchtturm finden, stand in akkurater Handschrift darauf.

Ich seufzte und bemühte mich, nicht die Geduld mit ihnen zu verlieren. Immerhin hatten sie ihre Picknickdecke schon länger nicht mehr auf unserem Balkon aufgeschlagen. Vielleicht …

Ich unterbrach meine Gedanken, weil ich sah, wie alle gleichzeitig erstarrten. Die Schritte, die jetzt draußen erklangen, hatten etwas Vertrautes und sie wurden lauter.

War es wirklich schon so spät? Mist, ich hatte wieder die Zeit vergessen.

Vor unserer Tür verstummten die Schritte, und der Schlüssel meines Vaters drehte sich unsicher im Schloss.

Die Engländer flohen blitzschnell unters Bett, Uncas verschmolz mit dem großen Ficus Benjamina neben dem Fenster und Ismael quetschte sich in den Schrank. Nur Scheherazade blieb dicht neben mir sitzen, und ihr schneller Atem streifte mein Ohr.

Die Tür wurde von innen geschlossen, und der Schlüssel fiel klirrend zu Boden. Ein gelallter Fluch war zu hören.

Mir wurde kalt.

Die Kühlschranktür ging auf und wurde wieder zugeschlagen.

Noch ein Fluch.

Dann wieder eine kurze Stille, bis die Schritte im Flur sich in Richtung Elternschlafzimmer zu entfernen schienen. Ich wollte schon vorsichtig ausatmen, als sie wieder innehielten und quälend langsam näherkamen. Es war ihm wieder eingefallen, dass in seiner Wohnung ein Eindringling lebte, der sie mit Abenteurern und Tagedieben bevölkerte. War heute der Tag, an dem er sie endgültig vertreiben wollte? Wie wollte er sie vertreiben?

Mein Herz schlug schnell und unregelmäßig gegen meinen Brustkorb, der sich wie ein zu enges Korsett um meine Lunge gelegt hatte.

Ein Schritt.

Und noch ein Schritt.

Und dann sah ich zitternd zu, wie sich die Klinke meiner Zimmertür langsam senkte …

Märchenhaft

Hm/A/G
In meinem Sarg aus klarem Glas lieg ich ganz still
    seit vielen Tagen.
Der Apfel nimmt mir alle Luft, ich hatte dir so viel
    zu sagen.
G/A/Hm/E
Im hohen, treppenlosen Turm sitz ich allein seit
    vielen Nächten,
selbst wenn ich wüsste, du kämst her, ich könnte
    keinen Zopf mehr flechten.

Refrain: Hm/A/G
Märchenhaft ist anders

Hm/A/G
Die Dornen draußen ranken, vom Boden bis rauf
    aufs Dach
Du kommst nicht in hundert Jahren, und niemand
    küsst mich jetzt mehr wach
G/A/Hm/E
Im hohen, treppenlosen Turm, sitz ich allein seit
    vielen Nächten,
selbst wenn ich wüsste, du kämst her, ich wollt
    keinen Zopf mehr flechten.

Refrain: Hm/A/G
Märchenhaft ist anders

G/A/Hm E Hm
Ich kann tausend gläserne Schuhe verlieren,
und ich kann mit immer neuen Fröschen werfen,
und Rudeln von listigen Wölfen entrinnen,
und Brotkrumen streuen, und Sterntaler fangen,
und in glühenden Schuhen bis zum Morgen gelangen.
Um Mitternacht wird doch die Glocke schlagen,
und unsere Kutsche wird Kürbis und wird uns nicht tragen.

Mit 16

Wir zogen zum wiederholten Mal von Party zu Party, weil ich jetzt endlich alt genug dafür war und du frisch getrennt.

Für mich war alles an diesen neuen, so erwachsenen Treffen wunderbar. Ich hatte dich jahrelang in vom Stundenplan vorgegeben Intervallen über Schwebebalken, Stufenbarren und blaue Turnmatten hinweg angehimmelt und du hattest das mit Gelassenheit zur Kenntnis genommen. Unsere Rollen im klassischen Lesbendrama waren klar umrissen, du warst die Lehrerin und ich eine der Schülerinnen, die, in von der Schule vorgeschrieben blauen Frottee-Shorts mit weißem Streifen und grell blauem Hemd mit aufgebügeltem Schulemblem vor dir Kunststücke einübten, die der körperlichen Ertüchtigung dienen sollten. Wenn wir in unseren unglücklichen Outfits vor dir unsere Aufwärmrunden drehten, kam ich mir manchmal wie eines der geschmacklos dekorierten Ponys in einem Kleinstadtzirkus vor.

Heute weiß ich, dass du nicht studiert hattest und deshalb mit 22, 23, 24 als Übungsleiterin selber noch sehr jung in den Schuldienst geraten warst, damals spielte die Zahl und der eigentlich recht geringe Abstand zwischen uns, keine Rolle. Du warst auf der anderen Seite einer unüberwindbaren Grenze und damit so unerreichbar wie der Salto über den Kasten, der mir einfach nicht gelingen wollte.

Dass wir trotzdem mehr Zeit miteinander verbrachten, irgendwann, war natürlich meiner aufdringlichen Beharrlichkeit zu verdanken. Ich setzte mich nach meinen eigenen Schulstunden auf den Sportplatz und sah dir zu, wie du mit anderen am perfekten Sprung in die Sandgrube arbeitetest, ich schwamm Bahnen neben den Sextanern, die du mühsam am Ertrinken hindertest, und irgendwann begannen wir zu reden.

Wir begannen zu reden und gemeinsam zu Mittag zu essen und dann, als ich in die Oberstufe kam und ohne deinen Sportunterricht weiterleben musste, hast du begonnen mich nach der Schule nach Hause zu fahren.

Ich war fast schon 17, du warst 25, ich war lesbisch, du warst es nicht.

Nicht, dass ich das hätte aussprechen können oder wollen, oder auch nur gedacht hätte. Ich vermied alle Gedanken, die hinterfragten, warum mir Zeit mit dir so viel wichtiger waren als Zeit mit meinen Freundinnen oder dem Freund, den ich mir mit 15 in einem Partykeller eingehandelt hatte.

Bis zu diesem Samstag waren wir einfach hin und wieder gemeinsam unterwegs, mehr nebeneinander als miteinander, absichtlich undefiniert und doch von außen wachsam betrachtet. Auch das weiß ich erst heute, nach einigen Klassentreffen.

Du warst frisch getrennt an diesem speziellen Abend und außergewöhnlich still. Auch darüber und über den Mann, mit dem du zusammen gewesen warst, hatte ich mir so wenig Gedanken wie möglich gemacht.

Die erste Party, die wir besuchten, bestand aus der in den siebziger Jahren üblichen Mischung aus jungen PädagogInnen und OberstufenschülerInnen, die in völlig verrauchten Kellern gemeinsam über gesellschaftliche Missstände nachdachten. Die zweite war ähnlich und wir standen beide aus unterschiedlichen Gründen verloren in den Haschischschwaden.

Ich will hier weg, hast du gesagt oder einen anderen Satz, der den gleichen Inhalt hatte. Und ich bin dir gefolgt, nicht nur, weil du ein Auto hattest und ich nicht.

Aber du hast mich nicht nach Hause gefahren, sondern mich mitgenommen, zu dir. Nie wieder hat der Satz: »Willst du noch mit zu mir kommen?« ein ähnliches Gefühlsgewitter in mir ausgelöst. Ich war schon vorher in deiner Wohnung gewesen, mit Freundinnen, zur Planung einer schulischen Aktivität, nie allein. Aber dein Satz, am späten Abend, im dunklen Auto, fragte nicht nur nach einem Ort, er fragte nach etwas in mir, das ich selber nicht benennen wollte. Und während mir ganze Bündel emotional aufgeladener Blitze vom Herzen in den Magen zuckten, waren wir schon auf dem Weg, weil ich natürlich ja gesagt hatte.

Ich hatte damit auch endlich und zum ersten Mal deutlich ja gesagt, zu der Frage, die niemand stellte und die doch überall zu sein schien.

Und so saßen wir dann, ungewöhnlich still, ungewöhnlich unsicher, und schwiegen uns auf deiner modernen Ledercouch eine ganze Stunde lang an. Es war kein unangenehmes Schweigen, wir sahen uns zwischendurch immer wieder lächelnd an. Aus den Boxen klangen Genesis und Supertramp und ich vibrierte hilflos mit der Musik. Du wusstest, dass du nur deine Hand ausstrecken musstest, und ich wusste es auch.

Dann bist du aufgestanden und hast mich nach Hause gebracht und es hat nie wieder einen Moment wie diesen zwischen uns gegeben.

Als ich 25 wurde, bist du mit einer Kiste Sekt vorbeigekommen, weil du mir das beim Abitur versprochen hattest. Eine unserer vielen Wetten, die vorhersagen sollten, was nach dem Abitur aus mir werden würde.

Ich wette, du studierst Sport.

Ich wette, du ziehst in eine andere Stadt.

Du hattest auch diese Wette verloren, weil ich mich mit 25 Jahren entgegen deiner Vorhersage nicht in einer glücklichen Heterobeziehung befand.

Und du hast mir erzählt, dass du an diesem lang zurückliegenden Abend überlegt hattest, deinen Trennungsschmerz dank einer experimentellen Nacht mit einer jungen Frau schneller zu überwinden.

Ich bin dir bis heute dankbar, dass du dich dagegen entschieden hast.

Ich hätte niemals ablehnen können und es hätte mir das Herz gebrochen.

Es geht gut aus

Capo im 2. Bund

G   Em
Mit einem Mal gehen alle Lichter an
G
und es gibt nichts, womit man sich dagegen
        Em
schützen kann.
                            C
Doch Baby, du siehst so gut aus
                          D
und ich mag es, wie du kämpfst.
                    G
Auch wenn du nachts vielleicht
                  Em
in deine Laken flennst.

Am
Und ich fühl', es ist hart
weiter ruhig zu sein.
    D
Manchmal wirst du so still
und nachts schläfst du nicht ein.

G
Gedanken und Träume
werden durchexerziert,
      Em
weil das Warten auf morgen
dein Leben blockiert.

C/D/G/Em/C/D
Doch ich weiß, ja ich weiß, ja ich weiß, ja ich weiß:
es geht gut aus,
weil es muss.

G/Em G/Em
Du hast versucht, es lang zu ignorieren.
Ist es einmal im Raum, wird es nicht einfach so
        wieder gehen.

C/D/G/Em
Doch Baby, du siehst so gut aus,
wenn du uns zum Lachen bringst.
Auch wenn du zwischendurch
um deine Fassung ringst.

Am/D/G/Em
Und ich spür deine Angst,
wenn du kannst, gib sie mir.
Trag sie für dich ins Eis,

lass sie dort schockgefrieren.
Wir lassen nicht zu,
dass dir etwas passiert.
Ganz egal, was du denkst.
Wir sind ganz nah bei dir.

C/D/G/Em/C/D
Und ich weiß, ja ich weiß:
es geht gut aus.

Am   D   G
Alles hat was Gutes, man muss es nur finden.
              Em
Wir werden es finden.
    Am   D
Ja alles hat was Gutes
                          G
und wir werden es finden.
                Em
Wir werden es finden -
    C
für dich
    D
und für uns.

G/EM G/Em
Davor war alle anders bis zu diesem Licht.
Jetzt erkennst du nichts wieder
nicht mal dein eigenes Gesicht.
C/D/G/Em
Doch Baby, du siehst so gut aus,
wie du aufrecht vor mir stehst.
Auch wenn sich deine Welt so unkontrolliert dreht.

Am/D/G/Em
Und du sagst, was du fühlst
und ich höre dir zu
und ich sehe dich an
und spür, ich mag dich so.
Weiß, du lässt es nicht zu,
wirst nicht kapitulieren.
Ganz egal, was auch kommt
es wird immer verlieren.

C/D/G/Em/C/D   G
Und ich weiß, ja ich weiß:
es geht gut aus
weil es verdammt nochmal muss.

Lesbe ist nur ein Wort

Manche Wörter, die phonetisch, semantisch und linguistisch gleichermaßen beliebt sind, sind wahre Glückskinder der Sprache.

Das Wort Abendsonne zum Beispiel und die Wörter Gänseblümchen, liebenswert und kostbar. Das sind so perfekte Kompositionen aus Bedeutung, Vokalen und Konsonanten, dass man sie nur in Liebesliedern hört oder in ersten, selbstverfassten Gedichten liest.

Und man hört sie nie als Beschimpfung.

Du liebenswertes, kostbares Gänseblümchen lässt sich einfach nicht wutentbrannt schreien.

Die einzige Berührung dieser Wort-Glückskinder mit der Welt der dunklen Emotionen sind vereinzelte, emphatisch formulierte Textnachrichten, in denen sie dann, flankiert von zwei angemessen traurigen Emoticons, das Grauen der angekündigten Trennung in Schach halten.

Mein liebes Gänseblümchen, ich muss dich verlassen aber unsere gemeinsame Zeit war so kostbar. Trauriger Smiley, weinender Smiley. Zack, verträglich getrennt. Auf zu neuen Abenteuern. Auch ein schönes Wort übrigens.

Anderen Worten ist da ein wesentlich holperiges Schicksal beschieden.

Nehmen wir das Wort lesbisch, das sowohl als Adjektiv als auch als Substantiv Lesbe eindeutig das Aschenputtel der Sexualitätsdefinitionen ist.

Klanglich leidet vor allem das Adjektiv am zischenden Ende und teilt sich dieses Schicksal mit panisch, zynisch und hämisch.

Es ist einfach nicht schön, die lang aufgeschobene Lebensbeichte, in deren Verlauf man immer weiter zusammensackt, dann auch noch mit einem Laut zu beenden, der klingt, als würde der Hinterreifen die Luft verlieren.

lesbischschschsch

Bei lesbisch ist von Anfang an alles schiefgelaufen, nicht mal Sappho, deren Texten wir dieses Wort verdanken, war, wenn man den Historikerinnen glauben darf, eindeutig lesbisch.

Was tragisch ist.
Und dann auch wieder komisch.

Warum rückt das Wort eigentlich nicht einmal den Namen der dichtenden Verursacherin, sondern ihren Wohnort in den Mittelpunkt? Das ist ja, als ob man alle ungebildeten Narzissten, die nicht einmal die Bräunungscreme im Gesicht richtig dosieren können, demnächst Washingtonen nennen würde.

Lesbisch hat es nie leicht gehabt. An keinem anderen Wort bleiben muffige Vorurteile, pornografische Wünsche und sexistische Beschimpfungen so nachhaltig kleben. Gäbe es eine Selbsthilfegruppe für ungeliebte Wörter, dann würde LESBISCH diese Gruppe leiten. Das Wort Allmählichkeitsschaden wäre Kassenwart und das Wort Slipeinlage würde das Protokoll führen.

Was man auch versucht, wenn man sich das Wort lesbisch vorstellt, es hat immer ein Flanellhemd an und ein politisches Transparent und eine Akustikgitarre dabei. Es klingt heimlich nach Pornografie und öffentlich irgendwie körperbehaart und unerotisch.

Wieso darf erotisch am Ende zischen, schreit das Wort Lesbisch, mutig geworden durch die Selbsthilfegruppe, an dieser Stelle wütend in meinen Text und ich ändere den letzten Satz.

Lesbisch klingt nach langen Haaren an den Beinen und kurzen auf dem Kopf.

Wie viele Coming-outs sind wohl schon mitten im Satz von »Ich bin…« zu »Ich stehe auf Frauen« geändert worden … eine Formulierung, die wörtlich genommen eindeutig nicht das beschreibt, was man gerne mit Frauen tut.

Und weil niemand andere Menschen endgültig auf ein griechisches Ventilgeräusch festlegen will, werden und wurden Lesben eher gefragt, ob sie anders sind. Oder vom anderen Ufer. Eine Bezeichnung die übrigens Hugo von Hofmannsthal geprägt hat, der auch schon nicht wusste, wie er über bestimmte Erlebnisse schmerzfrei dichten sollte. Obwohl der ja nicht lesbisch gewesen sein kann und offensichtlich nicht schwul sein wollte.

Die kurze politische Phase, in der lesbisch als Kampfansage die heterosexuelle Welt schreckte, hat dem Wort langfristig auch nicht geholfen. Auch mit mutig erhobener Faust sitzt es heutzutage in der Ecke und schaut neidisch auf die anderen Bezeichnungen. Heute setzt man sich seine Identität nicht mehr aus Sachbüchern über Sexualkunde, sondern aus den bunten Gläsern der Umgangssprache zusammen.

Bi ist kurz und knackig und obwohl es ja eigentlich nur »zwei« heißt, klingt es mindestens nach zehn. Es klingt flexibel und offen und nach einem brasilianisch gewachsenen Intimbereich.

Beim Wort Fluid sieht man förmlich, wie sich die dazugehörige Person um wechselnde Liebespartner schmiegt. Fließend und eins mit dem Strom des Lebens.

Wenn ich in einer Runde sage, hallo ich bin Anne und lesbisch, und neben mir verkündet zwei Menschen weiter eine junge Person, genderqueer fluid zu sein, dann fühl ich mich wie ein Faxgerät, das neben einem iPad steht. Ich kann nur eine einzige Sache und sehe auch noch kompliziert aus, während dort ein futuristisches Schneidebrettchen auf Zuruf multifunktional ist.

Vielleicht ist das das Problem! Vielleicht liegt es ja überhaupt nur an mir und nicht an dem Wort … vielleicht bin ich hysterisch oder altmodisch … oder vielleicht gibt es eine Verschwörung all dieser Zischwörter, um endlich mehr Aufmerksamkeit zu bekommen und sich vielleicht sogar mit den klanglich angenehmen Wörtern zu verbünden …
    Das wäre ja nur logisch.

Ich habe entschieden, mich in Zukunft als sapio-sexuell vorzustellen, in dem sicheren Gefühl, dass ich längst schon wieder weg bin, wenn irgendjemand nachgeschlagen hat, was das eigentlich bedeutet.

Unsere Freiheit hat Geschichten

1970

Natürlich wollte ich in der Grundschule meine Sportlehrerin heiraten! Sie trug doch diese coole blaue Trainingshose mit den weißen Streifen und sie hatte eine Trillerpfeife und den Schlüssel zum Geräteraum.

Nein, ich wusste damals nicht, dass das ein lesbisches Klischee ist, weil ich überhaupt nicht wusste, was ein Klischee ist.

Was lesbisch ist, wusste ich natürlich auch nicht.

Es war mir einfach nur unverständlich, dass die anderen Mädchen und Jungen in der ersten Klasse sie nicht auch alle heiraten wollten.

Wenn sie uns auf der Rückseite von Kästen und Böcken, die wir im Sprung (wahlweise gehockt oder rittlings) überspringen sollten, entgegenlächelte, dann sprang ich immer mit voller Kraft und hoffte im kurzen Flug, nicht auf der blauen Matte, sondern in ihren starken Armen zu landen. Was natürlich auch hin und wieder passierte und mich mit wohligem Schaudern zurückließ. Natürlich habe ich ihr meine Liebe und meine Hochzeitspläne irgendwann nach den Bundesjugendspielen, ganz erfüllt von meiner Ehrenurkunde, gestanden.

Ihr und meinen Eltern und allen Klassenkameraden.

Die Reaktionen reichten von verunsichertem Lachen über höhnisches Lachen zu spürbarer Sorge. Meine Mutter fühlte, ob meine Stirn heiß war, und machte einen Termin beim Kinderarzt.

Allen Reaktionen war eines gemeinsam. Die vernichtenden Aussagen: Das geht nicht, das ist nicht erlaubt. Und es ist auch unnatürlich.

Ich wurde nicht gelobt und süß gefunden und wohlwollend auf später vertröstet, wie Lisa, die den Religionslehrer heiraten wollte.

Mädchen konnten keine Sportlehrerinnen heiraten, auch nicht später und auch keine Religionslehrerinnen oder andere weibliche Angehörige anderer Berufsgruppen, denn Mädchen konnten keine Mädchen heiraten.

Gesungen:
Ich will dir ewige Liebe schwören
und bitte nicht nur im Traum.
Ich will dein Ja in der Turnhalle hören
vielleicht im Geräteraum?

1990

Das ist meine Freundin! Mein durchaus mit Stolz ausgesprochener Satz war immer wieder Anlass für absichtliche und unabsichtliche Missverständnisse.

Die Beliebigkeit der Bezeichnung gab Verwandten und Bekannten die Möglichkeit, sich in die platonische Bedeutung zu flüchten und sich der Erkenntnis, dass die Tochter/Nichte/Enkelin/Nachbarin/Arbeitskollegin in einer lesbischen Beziehung lebte, zu verweigern.

»Schön, wenn man eine gute Freundin hat«, konstatierte eine Tante und wollte mich damit wohl über die drohende dauerhafte Ehelosigkeit hinwegtrösten.

»Ihre Mitbewohnerin hat die Mülltonne nicht rechtzeitig rausgestellt«, fauchte mich ein Nachbar an, und ich war nicht sicher, ob sein Zorn unserem Zusammenleben oder dem vergessenen Müllbehälter galt.

»Kommt Ihre ... Ihre ... Ihre ... Bekannte auch mit?« fragte ein Arbeitskollege und wollte damit gleichzeitig informiert wirken und mir um Gottes Willen nichts Falsches unterstellen.

Im Gegensatz zu dem Satz »Das ist meine Frau«, der sich wie ein Wegweiser im Raum erhob, wenn ein Mann ihn aussprach und allen Orientierung gab, war

meine Aussage eine selbst gemalte Karte, auf der jede
und jeder eine eigene Richtung einzeichnen durfte.

Gesungen:
Du bist meine Freundin
und auch meine Liebe,
doch rechtlich gibt es uns nicht.

Wie kann es sein, dass das ganze Recht
auf eurer Seite weilt?
Und dass mein Leben ein Sonderfall bleibt,
der eure Rechte nicht teilt?

Ihr feiert im Rathaus,
ihr tretet vor Priester,
wir lieben uns inoffiziell.
Und dass man uns zunehmend toleriert,
geht manchen auch noch zu schnell.

2001
»Wir möchten heiraten«, sagte ich stolz und
strahlte die Standesbeamtin mit dem gesamten
Glück meiner langjährigen Beziehung an.

»Sie wollen eine Lebenspartnerschaft begründen«,
korrigierte sie mich mit einem Lächeln, dem die Liebe
zu ihrem Beruf nicht anzumerken war.

Dass wir anders waren, hatte mich auch eine im Infoblatt des Standesamtes als »romantisch« angepriesene Heiratslocation wissen lassen. »So etwas machen wir hier nicht«, sagte die freundliche Dame am anderen Ende der Telefonleitung. Schließlich seien sie im 16.Jh. mal ein Kloster gewesen. Das erklärte für sie alles, für mich auch. Wir brauchten andere Worte, wir bekamen andere Orte, und unsere Liebe war nach 400 Jahren immer noch in der Lage, ein Kloster zu entweihen.

Ich fand das alles wenig konsequent und erdachte weitere sinnvolle Änderungen.

Ich war lesbisch geboren, also musste meine Geburtsurkunde, um konsequent zu bleiben, umbenannt werden, sie war jetzt die amtliche Bescheinigung meines Eintritts in die menschliche Gemeinschaft.

Mein Abitur war jetzt die »Befähigung zum Studium an einer europäischen Hochschule« und mein Führerschein war eine »Erlaubnis zum Führen bestimmter Fahrzeuge auf öffentlichem Verkehrsgrund.«

Natürlich waren all meine erdachten neuen Dokumente nicht identisch mit den Dokumenten der heterosexuell lebenden Mitbürgerinnen, das würde ja keinen Sinn ergeben. Auch wenn sie scheinbar nur mit mehr Worten den gleichen Sachverhalt beschrieben, fehlte ihnen eine wahllos zusammengestellte Gruppe von Rechten.

In die amtliche Bescheinigung meines Eintritts in die menschliche Gemeinschaft ließ sich kein zweiter Vorname eintragen und meine Eltern mussten sie auf dem Straßenverkehrsamt beantragen.

Meine Befähigung zum Studium an einer europäischen Hochschule versagte mir jede Form finanzieller Unterstützung, die Fächer Medizin und Psychologie und alle Universitäten in Berlin.

Die Erlaubnis zum Führen bestimmter Fahrzeuge auf öffentlichem Verkehrsgrund schließlich galt nur für Kleinwagen, an ungeraden Tagen und samstags grundsätzlich nie, was alle Fahrten zum Frauenschwof äußert kompliziert machte.

Gesungen:
Was wir auch sind, ihr macht uns so nur fremder,
der Unterschied künstlich gestreckt.
Schon nicht mehr das eine und noch nicht das andere,
ihr habt unseren Kampfgeist geweckt.

2017

30 Jahre Kampf und ein Tag angewandte Demo-
kratie und dann geht alles plötzlich so schnell und es
regnet buntes Konfetti auf ein paar Menschen, die
den Weg mit geebnet haben. Und draußen vor den
Fernsehern wird gelacht und geweint und wir können endlich in Ehe und als progressive Kampfansage
auch in wilder Ehe leben.

So stellen wir uns jetzt alle vorsichtig auf die nächste Stufe auf dieser langen, langen Treppe. Und wieder
können wir ein Stückchen weiter schauen, weil wir ja
auch auf den Schultern von Riesinnen stehen.

Gesungen:
Ich kann dein »Ja«! jetzt im Standesamt hören,
die Ehe für alle ist da!
Unsere Freiheit schreibt neue Geschichten
vielleicht schon im nächsten Jahr.

Alles Käse

Es hat lange gedauert, aber endlich werde ich für die Tatsache, mich als lesbisch zu definieren, gelobt. Also nicht nur von Gleichorientierten, sondern von den Teilen der Bevölkerung, die das bis vor ein paar Jahren noch verstört hat. Was waren das für selige Zeiten, als ich mit dem simplen Satz »Meine Frau holt den Wagen heute Abend ab« die gesamte Gedankenwelt der neuen Autowerkstatt vom Austausch der Bremsflüssigkeiten zum Austausch von Körperflüssigkeiten verändern konnte. Ich vermochte in den heimlichen Blicken der jungen Mechatroniker zu erkennen, dass sie zwar wussten, dass die Nockenwelle oben liegen sollte, sich jetzt aber fragten, wer das denn wohl bei uns tat.

Und was hatten wir nach unserem Einzug ins Einfamilienhaus zwischen Gartenzaun und Kompost-Tonne für wunderbare Gespräche darüber geführt, wie lange das denn schon geht und wie wir das denn so sicher wissen können.

Und alle wollten immer wissen, ob ich es denn schon wirklich mit Männern versucht hätte.

Also so wirklich, richtig, nicht nur halbherzig.

Trotz der vielen Konversationen und des zum Teil manischen Augenzwinkerns, das diese Fragen begleitete, bin ich mir bis heute nicht sicher, was diese Versuchsreihe genau umfasst hätte. Und ich bin den Verdacht nie losgeworden, dass zumindest eine der blinzelnden Bekehrerinnen mich heimlich gerne für eine eigene Versuchsreihe ausgewählt hätte.

Dieselbe sexuelle Identität aber, die früher zu ratlosen Dienstleistern, nachbarschaftlichem Blinzeln und Sprechdurchfall auf Rollrasen führte, wirkt neuerdings offensichtlich beruhigend.

Diese Erkenntnis traf mich bei der Beschaffung von Lebensmitteln. In der freien Wildbahn unserer Reihenhaussiedlung husche ich nach jahrelanger Übung zu gewandt zwischen Fenster putzenden Ehefrauen und Rasen mähenden Ehemännern umher und bin schwer zu stellen.

Im Supermarkt bin ich leichte Beute für Gespräche, die ich eigentlich nicht führen, und Meinungen, die ich eigentlich nicht hören möchte.

»Das Kind von den Müllers ist genderqueer und pansexuell«, vertraut eine Nachbarin mir und der Käsefachverkäuferin beim Einkaufen an. Anvertrauen ist eigentlich nicht das richtige Wort, eigentlich bölkt sie ihre Erkenntnisse anfallartig in die gekühlte Käsetheke. In ihrem Gesicht kämpft der Stolz darüber, diese beiden Worte zu kennen, mit der Angst, dass diese Entwicklung ihrem Reihenhaus und dem Abendland jetzt endgültig den Rest geben könnte.

Ich muss lächeln und an Jane Austen denken. Stolz und Vorurteil am Tortenbrie, das 21. Jahrhundert schreibt eigenartige Geschichten.

Die Nachbarin ist von meinem Lächeln ermutigt. »Da kennt man sich ja gar nicht mehr aus! Lesbisch, das verstehe ich, und Sie sind ja auch verheiratet und haben ein Haus und ein Wohnmobil, aber wer soll sich das andere denn alles merken«, flüstert sie viel zu laut, während sie ein Stück abgepackten Camembert auf seine Festigkeit prüft. Die Verkäuferin schneidet, hellhörig geworden, meine Goudascheiben viel zu großzügig, weil sie nichts verpassen will. Ich bin unschlüssig, ob ich etwas zur Vielfalt der Identitäten oder zur Breite des Käses sagen soll, und schaue unentschlossen und stumm mit bangem Blick auf das kreisende Messer, das durch den Holländer fährt.

»Pan? Ist das nicht der mit der Flöte? Jetzt mal ehrlich, so etwas gab es doch früher nicht!«, bricht es schließlich aus der Verkäuferin heraus, während sie den daumendick geschnittenen Gouda in sein Papier einschlägt. »Ich sage immer zu meinem Mann, das nette Lesbenpaar kauft regelmäßig Käse bei mir, und er hat mir erzählt, dass er Ihre Frau im Getränkemarkt getroffen hat.«

Ich bin unsicher, was unsere Einkaufsgewohnheiten mit dem Wunsch anderer Menschen nach nonbinärer Lebensentfaltung zu tun haben, und überlege gleichzeitig fieberhaft, was ich mit den massiven Holländerscheiben tun kann. Die Verkäuferin wirft meine eingewickelten Käsebretter mit Schwung auf die Waage.

»Dieses moderne Zeug ist doch nur ein einziges Durcheinander, das bilden sich die jungen Leute doch ein. Darf es noch etwas mehr sein bei Ihnen?«

»Genau!« Meine Nachbarin ist sichtlich erleichtert. Mich macht diese Diskussion traurig, denn schließlich muss ich als Unbeteiligte jetzt für die Emanzipation der sexuellen und Geschlechtsidentitäten mit viel zu dickem Brotbelag büßen.

»Mein Mann sagt, das ist doch unmöglich diesen ganzen Kram auseinanderzuhalten. Wie soll man sich denn merken, wer da was ist und wer da mit wem was macht und wer da wie angesprochen werden will! Das ist doch viel zu kompliziert!« Sie holt kurz Luft. »Und er hat Ihre Frau auch schon im Getränkemarkt getroffen.«

Das Lächeln ist mir mittlerweile wie eine falsch angerührte Gesichtsmaske dauerhaft auf dem Gesicht erstarrt und ich bestelle zusätzlich noch etwas mittelalten Gouda, weil ich den jungen Gouda ja nur noch zum Überbacken verwenden kann. Ich muss an den letzten Winter denken, als der eben zitierte Mann mir unaufgefordert seine riesige Modelleisenbahn erklärt hat.

»Ich besitze 34 Märklin-Zuggarnituren, wovon momentan 7 Garnituren gleichzeitig fahren, die an 3 Bahnhöfen Station machen. Hier das ist die Bowser 24486 CP Rail Diesellok, die zieht drei BLMA 54006 CITX Silowagen.« Ich war unfreiwillig davon fasziniert, wie perfekt er die winzigen Objekte, die da durcheinander standen und fuhren, auseinanderhalten konnte. Für mich sah das alles gleich aus. Bei Subjekten in Lebensgröße, die durcheinander liebten, verließ ihn diese Fähigkeit offensichtlich.

»Ich bin da auch für klare Verhältnisse«, reißt mich die Verkäuferin aus meinen entgleisten Gedanken und stützt sich auf ein riesiges Wiegemesser, das ein Käserad mit scharfer Klinge genau in der Mitte teilt. Sie deutet auf die beiden gelblich blassen Hälften, die vor ihr auf Verarbeitung warten. »So wie bei Ihnen und uns. Homo ist wie hetero, da weiß man, wo man dran ist.«

Moment! Moment! Wie bin ich plötzlich zu einer Käsehälfte geworden? Was ist denn aus den vielen

Fragen rund um meine sexuellen Gewohnheiten und die Aufteilung der Hausarbeit geworden?

Ist es jetzt plötzlich nicht mehr wichtig, wer bei uns der Mann ist?

Ist unsere Lebensform jetzt keine Bedrohung für die »natürliche« Ordnung der Dinge mehr?

Ich bin erschüttert und wäre so gerne ein Pecorino oder sogar eine Salami, aber zumindest nicht aus dem gleichen Käserad wie die beiden, die noch synchron mit dem Kopf nicken, als ich meinen Wagen schon eilig in Richtung Kasse schiebe.

Ich versuche meiner Frau zu Hause zu erklären, wieso der junge Gouda so dick geschnitten ist und dass wir beide jetzt auch Holländer Käse sind, aber sie schüttelt nur besorgt den Kopf und fragt mich, ob ich über Tag genug getrunken habe.

»Der Teenager nebenan ist kein Brotbelag«, flüstere ich traurig, aber sie hört das nicht, weil sie die Wasserkisten aus dem Getränkemarkt ins Haus schleppt und mich vom Mann der Nachbarin grüßt.

Wir sind da am nächsten Samstag zum Grillen eingeladen.

Tasten

Capo im 3. Bund

C/Am/Em/Hm

Was ist dein Lieblingsgeräusch?
Was hat dich am meisten enttäuscht?
Wann bist du zuletzt fast gestorben?
Worin hast du dich schon verrannt?
Wofür warst du früher bekannt?
Nenn mir das absurdeste Geschenk,
in das du dich verliebt hast!

Refrain:
Em/G/C/Am D

Und ich taste mich heran.

C/Am/Em/Hm

Was hat dir echt Angst gemacht?
Bist du ein Mensch, der laut lacht?
Welcher ist dein Lieblingsort?
Drei Dinge, die du immer brauchst?
Etwas, das du jeden Tag kaufst?
Was hast du jetzt damit gemeint?

Am/Em
C/Am

Was würdest du mich eigentlich gern fragen?
Was würdest du außer mir niemandem sagen?

Prosa Jam

Gelesen:

Ich habe dich aus meiner Kleidung gewaschen, zuerst in 30 und 60 und später auch in 90 Grad, obwohl das ökologisch nicht sinnvoll war und dem Wollpullover, den du mir zu Weihnachten geschenkt hattest, nicht bekommen ist. Er hat sich in etwas Kleines, Filziges verwandelt, das auf eine schmuddelige Art hilflos und weich aussah, sich aber kratzig anfühlte. Ich habe bei jedem neuen Waschgang alle Bunt- und Vollwaschmittel, die mir porentiefe Reinheit versprachen, gemischt und zur Sicherheit alles doppelt weichgespült. Ich habe Schnell-, Haupt-, Vor- und Woll-Waschgänge kombiniert und alles mit einem Schleuderprogramm beendet, das wie ein abstürzendes Flugzeug klang, und ein leeres Glas vom Küchentisch hat vibriert.

Die schwarz-weiße Bettwäsche mit dem expressiven Blumenmuster, in der wir die erste Nacht verbracht haben, habe ich zusammen mit den viel zu roten Socken, die du mir lachend geschenkt hast, gewaschen. Schmutzig rosa, wie sie jetzt ist, deckt sie im Keller mein altes Fahrrad ab und nimmt an den Rändern langsam die Flecken der gräulich, feuchten Wand an.

Ich habe dich aus meinem warmen Wintermantel reinigen lassen und dich aus meinen Schuhen gebürstet. Ganz altmodisch habe ich dich aus den Kissen und den Sesseln geklopft und dabei einen blauen Knopf von deinem Pullover gefunden. Wir hatten beide gar nicht gemerkt, dass du ihn verloren hattest, damals als ich dir den Pullover in der ungeschickten Eile der Leidenschaft über den Kopf gezogen hatte und die angedeutete Knopfleiste dabei an deinem linken Ohrring hängen geblieben war.

Der kleine Knopf hat mich erleichtert angeblinzelt, als ich ihn aus der Dunkelheit der Polster befreit habe und später, auf seinem kurzen Flug durch die warme Sommerluft, hat er geschmunzelt, bevor er fast geräuschlos im großen Fluss versunken ist. Da hat der Blumentopf, den du im letzten Frühling mit all meinen Lieblingsblumen bepflanzt hattest, wesentlich mehr Lärm gemacht. Aber den habe ich ja auch mit dem Hammer zerschlagen.

Ich habe dich zusammen mit dem Staub aus den Regalen gewischt und die unsichtbaren Umrisse deiner Schuhsohlen von den Böden geschrubbt. Ich

habe dich aus den Spiegeln poliert und den Schrän-
ken geräumt.

Gesungen:
Em/a/c/h
Doch ich kann dich nicht aus der Liedern vertreiben,
ich weiß nicht, warum das so ist,
warum sie von dem, was wir zwei waren, singen,
nicht von dem, was du wirklich bist.

Gelesen:
Ich habe dich aus meinem Telefon vertrieben. Erst
deinen Namen, dann deine Nummer, dann deine
Adresse. Ich habe deine Daten auf allen Diensten,
die wir benutzt haben, gelöscht. Und dabei viele
Nachrichten gefunden, die ich schon vergessen hatte. Ich habe alle deine SMS noch einmal einzeln
gelesen, Stunde für Stunde, Tag für Tag, Monat für
Monat, Jahr für Jahr. Von der Letzten bis zur Aller-
ersten. Und rückwärts lesend hast du mich immer
mehr und mehr und wilder und frecher und lustiger
geliebt. Die letzte Nachricht, die ich gelesen und gelöscht habe, war die erste, die du mir je geschrieben
hast. Sie war so unschuldig, so vorsichtig und fröh-
lich und voller Hoffnung, so weit weg von deiner

letzten Nachricht. Ich war froh, dass sich die beiden in ihrer langen Liste so weit auseinanderlagen, dass sie sich nie getroffen haben.

Ich habe unsere Facebook-Freundschaft beendet, nicht ohne zu sehen, wie oft wir unsere Daten gleichzeitig am gleichen Ort erfassen ließen. Wir wurden auf hohen Bergen, auf fahrenden Schiffen, an einsamen Stränden und immer und immer wieder beim Essen markiert, geortet und erfasst.

Ich folge dir bei Twitter nicht mehr. Deine Mails habe ich in einen Ordner gepackt, ihn rot markiert und dann in den Quarantänebereich zu den Viren und den Trojanern verschoben.

Gesungen:
Em/A/C/H
Doch ich kann dich nicht aus der Liedern vertreiben,
ich weiß nicht, warum das so ist.
Warum sie von dem, was wir zwei waren, singen,
nicht von dem, was du wirklich bist.

Mein Kopf ist voll Noten aus hungrigen Mücken
ich lausche ihnen, ohne dass ich das will.
Ich kann mich nirgends vor ihnen verstecken
und nichts, was ich tue, macht sie still.

Wie schaffst du es bloß, dass so viel echter Mist,
wie für uns geschrieben klingt,
dass mich ein unfassbar schlechter Refrain
um all meine Fassung bringt?

Wie kannst gerade du in Balladen leben?
Warum reimt sich dein Name auf Liebe und Lachen?
Er müsste sich auf doch auf Schlagbohrer reimen und
dabei sehr laute, sehr harte Brülllaute machen.

SOLO für HARMONIKA

Gelesen:

Ich besitze nur noch halbe Bilder oder Gruppenfotos, in denen ein Loch klafft. Mit all ihren schrägen Kanten und überraschenden Lücken wirken sie wie Teile eines Puzzles, das sich nie wieder zu einem Bild fügen lässt. Ich betrachte meine Arme, die mal am Ellenbogen, mal an der Schulter und nur einmal am Handgelenk mit schnellen Scherenschnitten amputiert werden mussten, damit sie sich nicht länger um dich legen. Ich sehe meinen Kopf, der jetzt verträumt und ahnungslos an einer Schnittkante ruht, statt an deinem weichen Haar.

Meer aus Glas

G/Em
Wir zwei reden oft – ohne dabei wirklich viel zu sagen.
Manchmal gehst du fort – einfach so und sackst in
        meinen Magen.

D/C/G
Zwischen uns ist ein Meer aus Glas.

G/Em
Wir sehen uns oft – meistens ist es toll, ich bleibe gerne.
Fühle deinen Puls – dann hältst du die Luft an, bis
        ich sterbe .

D/C/G
Zwischen uns ist ein Meer aus Glas.

G/Em
Sind gern unterwegs – besuchen dabei wunderschöne Orte.
Bleibe auf der Hut, du kennst so messerscharfe Worte.

D/C/G
Zwischen uns bleibt ein Meer aus Glas,
das ich nicht betreten darf.

Zwischen uns bleibt ein Meer aus Glas,
teilt die Welt ein in weiß und schwarz.

Lass sie gehen

Sie hat eine eigene Tasse in eurem Schrank. Manchmal, wenn du die rote Keramiksünde aus der Spülmaschine räumst, denkst du für einen kurzen Moment daran, sie einfach fallen zu lassen und zu schauen, wie das süßliche Bild mit den zwei aneinander gekuschelten Katzen auf der Vorderseite in irreparable Scherben zerspringt. Natürlich tust du das nicht, denn dann müsstest du ihren Teller direkt hinterherwerfen.

Und ihre Müslischale.

Du hasst Müsli, und trotzdem habt ihr es immer im Haus, genau wie ihren Lieblingstee, der beim Kochen nach gegorenem Obst riecht und laut Verpackung bei Nervosität und Mundgeruch helfen soll. Wenn du bei euren gemeinsamen Fernsehabenden zufällig dichter neben ihr sitzt, merkst du, dass der Tee nicht hilft.

Deine Lebensgefährtin scheint das nicht zu stören und es scheint sie nie gestört zu haben, denn schließlich ist die Müsli essende Teetrinkerin ja ihre

Ex und erst eure wilde Romanze hat jene schon amtlich legalisierte Beziehung beendet. Ihr hattet euch gerade erst einmal leidenschaftlich geküsst, da stellten die beiden schon fest, dass sie eigentlich schon immer mehr Freundinnen als Geliebte waren und das auch nach der Trennung bleiben wollen.

Beste Freundinnen. Aller, allerbeste Freundinnen.

Die Scheidung war im Frühjahr, ihr seid im Sommer zusammengezogen und im Herbst hat sie die Wohnung unter euch bekommen. Die wenigen Treppenstufen zwischen den beiden Wohnungen nehmen die beiden nicht als Hindernis wahr, wenn es darum geht, gemeinsam zu kochen und zu essen. Und zu spielen. Und zu reden. Wenn du geschäftlich unterwegs bist, weißt du, dass die beiden abends einträchtig Chips kauend auf eurem Sofa sitzen und eine Serie schauen, die du doof und sie beide wahnsinnig toll finden. Dass sie danach keinen Sex haben, beruhigt dich nicht, den haben du und deine große Liebe ja auch nur noch selten.

Lass sie geh'n zu der Ex,
vielleicht hast du dann auch wieder auch Sex.
Dieses Leben zu dritt,
mach das einfach nicht mehr mit.
Da sie mit ihr eine Seele teilt,
bleibt für dich nicht viel,
was dir die gestressten Nerven heilt.

Du hattest von Designermöbeln geträumt und jetzt hast du den teuersten Kratzbaum, den man für Geld kaufen kann. Er steht im Wohnzimmer, neben einem zusätzlichen Katzenklo, das auch nicht in der Lage ist, die kleineren und größeren Unfälle der psychisch nicht durchweg stabilen Haustiger zu begrenzen. Dir war schon eine Katze zu viel, aber die war ja nun schon mal da und alt und auch gewohnt, im Bett zu schlafen. Die neue Katze, die noch sehr jung ist und einer nicht immer logischen Argumentationskette folgend der ursprünglichen Katze als Gesellschaft dienen sollte, hasst dich nur unwesentlich weniger, als sie die ältere Katze hasst. Wenn sie sich nicht laut fauchend durch die Wohnung jagen, behalten sie euch aus zwei unterschiedlichen Ecken des Schlafzimmers im Auge. Wenn ihr schlaft ... oder wenn ihr Sex habt.

Die antiallergene Bettwäsche, die du dir gekauft hattest, besteht zu 100 Prozent aus Polyester und zu 60 Prozent aus Katzenhaar und manchmal erwachst du mitten in der Nacht von den Krallen in deinem Brustkorb und blickst direkt in zwei grüne Augen, in denen zwei schmale schwarze Schlitze Zentimeter von deinem Gesicht entfernt von Mordlust erzählen.

Augen dick, Allergie,
du bist fertig mit dem Vieh.
Katzenhaar, Katzenstreu,
deine Couch war weiß und neu.
Jeder Raum hat ein Katzenklo,
du hast Atemnot,
und die haarigen Viecher schmatzen so.

Sie hat ihn für dich verlassen und er hat das auch wirklich gut aufgenommen. So gut, dass seine Gelassenheit sie wieder total für ihn begeistert hat.

Was überhaupt nichts bedeutet, wie sie gern und oft erklärt.

Er hat in der Zeit eurer Beziehung an ihrem Auto so viele Teile ausgetauscht, dass sie zusammen drei Autos ergeben. Natürlich ruft sie ihn an, wenn euer Wasserhahn tropft oder ein Bild aufgehängt werden muss. Dass er ihre Eltern auch 5 Jahre nach der Trennung noch an den Weihnachtstagen besucht, ist eine Familientradition, die nichts mit dir zu tun hat, sagt sie. Die Tatsache, dass du nicht mit zu diesen traditionellen Tannenbaumtreffen eingeladen bist, auch nicht. Das ist nur zu deinem Schutz, sagt sie auch. Ihre Eltern hängen eben noch so an ihrem ehemaligen Schwiegersohn. Dass sie ihn immer noch so nennen, findet sie zum Schreien witzig und du nur zum Schreien.

Wenn ihr beide glückselig von Familiengründung träumt, führt sein Name mit uneinholbarem Vorsprung die Spenderliste an und die Rede über die vielen Qualitäten, die er als Vater hätte, kannst du schon auswendig.

Hetero, Hetera,
er ist einfach immer da.
Lebensglück, Lebensziel,
ist das nicht ein Mann zu viel?
Überm Schreibtisch hängt sein Bild,
deines hängt im Flur,
lauf weg, wenn er mit den Eltern grillt.

Du bist jetzt schon zweimal über den Sperrmüll gefallen, den sie vor zwei Monaten vor die Tür stellen wollte. Natürlich hättest du den auch selber runterbringen können, aber sie hat dich beschworen, das nicht zu tun, weil sie es selber machen wollte. Auch um dir zu beweisen, dass das mit dem Bett, das sie für euch beide seit Monaten zusammenbauen will, und das immer noch in Einzelteilen an der Wand lehnt, ein Einzelfall ist.

So wild und frei du dir anfänglich auf dem dünnen Futon am Boden vorkamst, mittlerweile hat es die Krankenkasse abgelehnt, noch 10 weitere Stunden bei der Osteopathin zu bezahlen.

Sie liegt wenig auf dem Futon, denn sie komponiert oder textet nächtelang, weshalb sie meistens über Tag nicht einkaufen kann. Essen kann sie, und deshalb sind die Sachen, die du einkaufst, meist schon wieder verschwunden, wenn du abends von der Arbeit kommst. Du sitzt bei ihren Konzerten und Lesungen in kleinen Bars/Buchhandlungen/Kulturprojekten und versuchst, immer etwas lauter zu klatschen als die anderen 7 Gäste.

Ihr Durchbruch steht kurz bevor und das hat sich in den 5 Jahren eurer Beziehung auch nicht geändert.

Lass sie gehen, schmeiß sie raus,
sie braucht morgens schon Applaus.
Tu ihr weh, gib ihr 'nen Tritt,
vielleicht schreibt sie dann 'nen Megahit.
Was ihr noch zum Weltstar fehlt:
ein gebrochenes Herz
und jemand, der sie so richtig quält.

Ihr habt euch im Herbst kennengelernt auf einer Party, das sind die beiden Fakten, die ihr gern und bereitwillig preisgebt, wenn man euch danach fragt. Was das genau für eine Party war, wollte bis jetzt niemand wissen, was euch erspart, etwas zu erfinden. Die meisten denken wahrscheinlich an Halloween, weil ihr ja den Herbst erwähnt … das war ihre Idee und du bewunderst ihr Geschick im Umgang mit den kleinen Täuschungen. Über die Sexparty, auf der ihr euch getroffen habt, sprecht ihr so gut wie nie.

»Das ist das erste Mal, dass ich so etwas versuche«, hattest du ihr damals im Licht der Kerzen zugeflüstert, während dein Handtuch schüchtern seine verwaschenen Frotteeschlingen an den unbekannten Schlingen ihres Handtuchs rieb.

Zu Beginn der Party hattest du dich eine halbe Stunde auf der Toilette eingeschlossen und dein altes Saunatuch geknetet, von dem du nicht ganz sicher warst, wie du es hier einsetzen solltest. Aber auf der Ankündigung hatte nun einmal gestanden, dass jede ein Handtuch mitzubringen hatte, und so hattest du einfach das größte eingepackt.

Sie hatte ein buntes Badehandtuch mit großen Herzen lässig um die Hüften geknotet, so als stände sie an einem karibischen Strand und nicht in einer schlecht beleuchteten Vorstadtdisko.

»Bei mir ist es auch das erste Mal«, hatte sie in dein Ohr gehaucht und du warst dir schon damals nicht ganz sicher, ob das die Wahrheit war oder ob es euch zu Komplizinnen in einem Spiel machen sollte, dessen Regeln sie allzu gut beherrschte.

Du hast deine kleinen Zweifel ignoriert, denn bei dieser Party ging es ja nicht um die Ewigkeit, sondern um die kurzen Freuden. Und da sie wusste, was sie wollte, und dir das gefiel, hatten sie und ihr Herzenhandtuch nach und nach den Weg in dein Herz und deinen Wäschekorb gefunden.

Was nicht geplant und doch wunderbar war.

Nur alle paar Wochen, wenn sie ihr Herzensbrecherhandtuch in die Sporttasche faltet und dich mit einem Luftkuss in den Abend entlässt, packt dich der Zweifel.

Frotteetuch im Gepäck, sie ist heut schon wieder weg.
Fährt sie freitags zum Sport?
Deine Stimmung schreit nach Mord.
Geht sie wirklich an die Hantelbank,
oder geht sie fremd?
Ihre Handtuchbenutzung macht dich krank.

Irgendwo für mich

Em/Cism/C   D/C
Wir warn nicht aufzuhalten, etwas zog uns magisch an, sofort von Anfang an.
Und du hast gut gerochen, ich war dir so gerne nah, ignorierte die Gefahr.
Wollt nicht mehr weitersuchen, deshalb wollt ich, dass du bleibst, ich wollte den Beweis,
dass wir zusammenpassen, doch ahnte die ganze Zeit, wir sind nicht gut zu zweit.

Refrain:
Em/D/C/D
Du befindest dich im Irgendwo für mich.
Ich bin auf der Erde, deinen Planet kenn ich nicht.
Du befindest dich im Irgendwo für mich.
Was immer ich auch funke, dich erreich ich damit nicht.

Em/Cism/C   D/C
Ich kann dich kaum ertragen, jede Geste knurrt mich an, weiß nicht, wann es begann.
Wir haben keine Zukunft, doch aufzugeben fällt mir schwer, ich mochte dich so sehr.

Refrain:
Du befindest dich im Irgendwo für mich.
Ich bin auf der Erde, deinen Planeten kenn ich nicht.
Du befindest dich im Irgendwo für mich.
Was immer ich auch funke, dich erreich ich damit nicht.

D/C
Wenn wir jetzt gehn, wenn wir jetzt gehen durch
    diese Türe,
wenn wir jetzt gehen, durch diese Türe – gibt es kein
    Zurück.

Em/Cism/C
Hab so gehofft, du bist es, du und ich für alle Zeit,
der Traum, der immer bleibt.

Verlust und Neuanfang

Zerquetscht! Ich habe sie in meiner Wut fast zerquetscht.«

Ich führe beide Hände zu einem Würgegriff zusammen und stelle meine Tat in all ihrer ungezügel-
ten Gewalt mimisch dar.

»So und so! Und SO!«

Im Gruppenraum ist es plötzlich sehr still und
die ganze Runde sieht mit weit offenen Mündern
erschreckt auf meine hoch erhobenen, wütend ver-
krampften Hände.

Die neue Offenheit, die ich erst hier in der Gruppe
lerne, fühlt sich gut an. Bis zu diesem Moment habe
ich mir nicht vorstellen können, laut über die Ein-
zelheiten dieser dunklen Stunde in meinem Leben zu
sprechen, und meine Tat hat nachts wie ein böser, di-
cker Troll in Pfennigabsätzen auf meiner Seele getanzt.

Wir sitzen wie immer auf etwas zu kleinen und
sehr unbequemen Stühlen im Kreis in einem Klas-
senzimmer im ersten Stock einer Grundschule, die

das Krisenzentrum an den Abenden für diese und andere Gruppen angemietet hat. Über Tag lernen Kinder hier die Worte zu schreiben, um die sie Jahrzehnte später abends in Selbsthilfegruppen wie dieser verzweifelt ringen werden. Wir können die Fortschritte der Kinder auf wechselnden Bildern an den Wänden verfolgen. Neue Worte tauchen auf, in ungelenker Schrift über ungelenken Zeichnungen. Haus. Hund. Hand. Unsere Gruppe illustriert ihre Fortschritte und Themen leider nicht, und so bleiben die Zeichnungen zu Trennung, Trauer und Tiefpunkt bedauerlicherweise ungemalt.

Ich kann die neuen Keramikimplantate im Mund meiner Nachbarin zur Rechten jetzt zum ersten Mal deutlich sehen. Bei den vergangenen Mittwochsterminen hat sie nur mit geschwollenem Mund davon gemurmelt.

Ich bemerke, dass mir diese ungeteilte Aufmerksamkeit für meine Taten gefällt. Hier in der »Gruppe Verlust und Neuanfang« wird nicht geurteilt, sondern verstanden. Ich lasse beide Hände wie rotierende Messer durch die Luft sausen.

»Erst die eine und dann die andere! So und so! Und dann so. Ich war anfangs überrascht, wie schwer sie war und wie groß, aber dann ging alles wie von selbst und die andere habe ich mit einem einzigen Schlag auf die Vitrine erledigt.«

Es gibt auch Dinge, auf die ich immer noch stolz bin, deshalb sehe ich mich jetzt wieder beifallheischend um. Meine Nachbarin zur Rechten verbirgt die neuen Backenzähne jetzt hinter aufeinander gepressten, schmalen Lippen und knirscht hörbar auf den frisch eingepflanzten Molaren. Die attraktive Therapeutin, die mir wie immer im Kreis genau gegenübersitzt und deren Namen ich mir auch nach vier Sitzungen nur schwer merken kann, räuspert sich vorsichtig und scheint in ihrer Tasche nach ihrem Telefon zu suchen. Sie behält mich unruhig im Auge, während sie es vorsichtig ans Licht holt und mit einem hektischen Wischen entsperrt.

Die Frau neben ihr, deren geliebter Dackel im letzten Sommer bei einem Sturz vom Balkon umgekommen ist und die sich seitdem selbst davon überzeugen will, in Zukunft doch eher eine Katze zu adoptieren, weil die mit Balkonstürzen viel souveräner umgehen, holt tief Luft und beugt sich vor.

»Du hast deine Ex und ihre Geliebte erschlagen?« Die ganze Runde keucht einmal laut auf, als die Worte erklingen und starrt mich angstvoll und ein wenig sensationslüstern an. Man kann ihnen ansehen, dass sie überlegen, was sie in die hingestreckten Mikrofone aller lokalen und globalen Nachrichtensender sagen sollen … wenn sie diese Stunde überleben.

»Was?« Ich nehme die Hände endlich wieder runter, denn meine Schultern beginnen zu schmerzen. »Wie kommst du denn da drauf«?

»Das hast du doch gerade beschrieben!« Joy, zu meiner Linken, die diesen Namen nicht verdient und die seit zwanzig Jahren um eine Chance trauert, die sie nicht ergriffen hat, mischt sich ein und macht ein paar ungeschickte Armbewegungen, die wohl meine Darstellung der Ereignisse imitieren sollen. »So hast du sie erschlagen und gewürgt und dann sie. So und so.« So wie sie großräumig mit den Armen fuchtelt, habe ich Angst, dass sie sich gleich eigenhändig von ihrem winzigen Stuhl hebelt. Jetzt fällt mir auch wieder ein, welche Chance sie ausgelassen hat. Sie hatte das Angebot eines muskulösen Schaustellers abgelehnt, der mit ihr ein Kinderkarussell hatte betreiben wollen. Als bleibende Erinnerung hat sie sich ein buntes Karussell auf den blassen Unterarm tätowieren lassen, dessen Karussell-Pferdchen über die Jahre ein wenig die Form und die Farbe verloren hatten. Auf den ersten Blick sehen sie aus wie eine Gruppe im Kreis gepfählter Kühe. Auf den zweiten auch.

Ich hebe beschwichtigend die Hände. »Ich habe niemanden erschlagen oder erwürgt.«

Die schöne, aber beunruhigte Therapeutin lässt ihren Finger über der Smartphone-Tastatur schweben und sieht mich hoffnungsvoll an. »Das, was du uns gerade beschrieben hast, ist also nur in deiner Fantasie passiert?«

»Nein! Es ist genauso passiert, wie ich es gerade geschildert habe. Ich bin ihr in diese vegane Bäckerei gefolgt und da habe ich sie gesehen. Ich hatte sie da ein paar Wochen vorher schon einmal zufällig gesehen und da hat sie mir erklärt, dass sie plötzlich laktoseintolerant sei und nach einer Geburtstagstorte für mich schauen würde. Sie war ganz traurig und zerknirscht, weil sie mir doch zum Geburtstag diese große Überraschungsparty schmeißen wollte und ich das jetzt schon vorher herausgefunden hatte. Zumindest habe ich mir ihre unruhige Nervosität so erklärt. Und dann habe ich ein paar Tage später ihre beste Freundin angerufen … eigentlich, um mich darüber zu beklagen, dass sie bei meinem Geburtstag ihre frische Laktoseintoleranz in den Mittelpunkt stellen wollte … und die Freundin war auch angemessen empört – allerdings darüber, was meine große Liebe mir erzählt und was sie mir verschwiegen hatte. Sie war nämlich nicht plötzlich allergisch gegen Milch, sondern gegen mich …was ein winziges L doch für einen riesigen Unterschied machen kann … Und sie war deshalb schon ein paar Wochen dabei, sich von mir zu trennen. Ihre beste Freundin fand, dass die junge Konditorin viel besser zu ihr passte, auch wenn ihr das mit der veganen Ernährung ein wenig Kummer machte. Nicht mal Butter hatte sie beim ersten gemeinsamen Abendessen der drei verwenden dürfen.«

»Und deshalb hast du sie beide ermordet!« Die ältere Frau drei Stühle weiter, bei der ich mir nicht sicher bin, was sie verloren hat, sagt das in dem gleichen zufriedenen Tonfall, in dem man »Und wenn sie nicht gestorben sind, dann leben sie noch heute« am Ende eines Märchens sagt.

Ich schüttele bedauernd den Kopf. »Nein, ich habe niemanden ermordet. Ich bin ihr gefolgt und da standen sie dann beide eng umschlungen hinter dieser riesigen mehrstöckigen veganen Schoko-Torte und neben ihnen stand eine andere Torte mit zwei Herzen in rotem Zuckerguss auf Hafersahne. Und sie hat plötzlich hochgeschaut, mich gesehen und auch noch »Es ist nicht so, wie du denkst« gesagt und da habe ich die Schoko-Torte hochgehoben, weil ich sie eigentlich werfen wollte, aber die war viel schwerer, als ich gedacht hatte, und so habe ich sie in der Luft zermatscht. Und dann habe ich diese andere Torte auf die Theke geschlagen und dem Agar-Agar mal gezeigt, wo die Grenzen des Gelierens sind.«

Joy, die nicht zur Kirmes gegangen ist, hebt den Zeigefinger. »Bist du sicher, dass es Agar-Agar war? Du kannst auch mit Carrageen oder Johannisbrotkernmehl vegan gelieren. Ich habe da ein tolles Rezept für eine Panna Cotta …«

»Das ist jetzt nicht wichtig.« Die attraktive Therapeutin mit dem langen Doppelnamen, der mir einfach nicht einfallen will, greift jetzt ein und bringt die Gruppe wieder in die Spur. »Wichtig ist herauszufinden, wie du dich mit diesem Gewaltakt gefühlt hast. Wie du dich jetzt fühlst.« Sie sieht mich endlich wieder an, ohne heimlich den Notruf aktivieren zu wollen.

Ich überlege, während Joy beleidigt zu weinen beginnt und ihre Entscheidung gegen die fliegenden Bauten noch heftiger bedauert.

»Ich bin nicht sehr glücklich mit diesem Beziehungsende. Irgendwie fühlt es sich unvollständig an. Sie hat mich verraten, betrogen und belogen und gegen eine extrem viel jüngere Frau ausgetauscht, ich hätte vielleicht ihre Reifen noch zerstechen sollen.«

Die ältere Dame applaudiert, bevor die Therapeutin sie mit einer passiv-aggressiven Geste und einem zischenden Laut daran hindern kann.

»Lass uns diese Aggression einmal genau betrachten und dann überlegen, wie wir sie konstruktiv nutzen könnten. Und weniger unreif.« Jetzt sind wir wieder auf ihrem Terrain. Wenn mir doch bloß einfallen würde, wie sie heißt. Es ist einer dieser Doppelnamen, die einen an der Fähigkeit der Trägerin, kluge Entscheidungen zu treffen, zweifeln lassen. Es ist etwas Absurdes … ein Obst und eine Jahreszeit?

Ein Getränk und ein Beruf? Ein Gemüse und eine Richtung?

Genau!

Das ist es!

Martina Möhrenschläger-AufderHeide sieht mich immer noch erwartungsvoll an. Mir fällt wieder ein, dass ich den Kurs auch aufgesucht habe, um zu sehen, wie jemand aussieht, der einen solchen Namen trägt. Und weil ich darüber wenigstens kurz gelächelt habe und ich lächele nicht viel in letzter Zeit.

Drei Wochen später.

Ich lächele wieder öfter und der Name Martina Möhrenschläger-AufderHeide klingt nicht mehr albern, sondern nach einem warmen, erntereifen Feld im Licht der untergehenden Sonne. Die hübsche Therapeutin und ich lachen gemeinsam nach den Stunden über die Zeichnungen der Schulkinder. Wir lachen gemeinsam über einem überhaupt nicht veganen Eis mit nachhaltig angebauten Erdbeeren. Martina Möhrenschläger-AufderHeide erzählt von ihrer Frau und ihrer Ehe, die nicht mehr funktioniert.

Wir küssen uns an einem gestohlenen Samstag endlich und heimlich in einem kleinen Café gegenseitig die unschuldig weiße Sahne von den Lippen, als aus dem Nichts eine Frau mit wirrem Blick und gut geschnittenem Haar auftaucht und mir ein Tiramisu samt Fruchtspiegel vom Nebentisch ins Gesicht drückt. »Cornelia, es ist nicht so, wie du denkst«, schreit Martina Möhrenschläger-AufderHeide noch und dann rennen wir schon, bevor Cornelia Möhenschläger-AufderHeide einer Seniorin deren Pralinen-Creme-Torte entreißen kann.

Wie unreif, denke ich, während wir schwer atmend an Martinas Auto traurig die zerstochenen Reifen betrachten. Einfach unreif. Gut, dass ich da schon weiter bin.

Wunsch frei

C/G/Am/F
Ich war das Mädchen, das immer nett war.
Ich war die Frau für eine Nacht.
War die Geliebte, die sehr geheim war.
Ein guter Freund genderneutral

G/Am/C G/F
Und ich habe immer drauf vertraut
what goes around comes around .

Refrain: C/G/Am/F
Ich hab einen Wunsch frei, Karma, wenn es dich gibt,
hab ich einen Wunsch frei, wenn dir was an mir liegt.
Ich hab einen Wunsch, Karma, jetzt ist die Zeit:
Ich brauche all mein aufgespartes Glück am ganzen
                          Stück zurück.

C/G/Am/F
Ich war kein Spieler, war immer nur fair,
kein Jäger und Sammler, mit Pfeil und Gewehr .
Hab die Herzen nicht gebrochen, nur mein eigenes
                          durchstochen.
Mich selbst sehr zurückgenommen, und 'nen
                          Bonuspunkt verdient.

G/Am/C G/F
Ich hab immer drauf vertraut
what goes around comes around .

Refrain: C/G/Am/F
Ich hab einen Wunsch frei, Karma, wenn es dich gibt,
hab ich einen Wunsch frei, wenn dir was an mir liegt.
Ich hab einen Wunsch, Karma, jetzt ist die Zeit:
Ich brauche all mein aufgespartes Glück am ganzen
          Stück zurück.

Endteil: C/C/G/G/Am/Am/F/F

Sie will das Haus, er die Welt.
Ich will 'nen Feigling, du den Held.
Sie will Party, er ein Kind.
Sie will 'nen Anker, sie will mehr Wind.
Wir wollen Feuer, ihr wollt ins Eis.
Er will es schwarz, er will es weiß.
Sie will 'ne Taube, er nen Spatz.
Ihr wollt mehr Häuser, wir mehr Platz.
Wir woll'n reden, doch ihr bleibt stumm.
Du willst es grade, ich will es krumm.
Wir wollen's leer, sie wollen's voll.
Du willst es Dur, ich will es Moll.

Der 20. Juni

Montag.

Anne: Der 20. Juni ist in diesem Jahr ein Mittwoch, und das ist auch schon alles, was ich über diesen Tag weiß. Für andere scheint dieser Tag von größerer Bedeutung zu sein. Auf dem Schreibtisch meiner Angetrauten liegt nämlich schlecht versteckt unter zwei Zeitungen und drei Büchern ein Zettel oder vielmehr ein Kalenderblatt, der 20.06.18, das Datum umkreist, zwei Ausrufezeichen, ein Herz links, ein Stern rechts, alles liebevoll und wiederholt sorgfältig nachgezeichnet. Eigentlich habe ich nach dem Flyer vom Sushi-Taxi gesucht und jetzt sitze ich hier mit heißen Wangen statt kaltem Fisch und säuerlicher Miene statt säuerlichem Reis.

Mein Herz sticht überraschend schmerzhaft und ich setze mich mit dem Zettel in der Hand ans Fenster. Er flattert leicht im Durchzug, als hielte ich einen kleinen Vogel gefangen und er wolle mir davonfliegen. Ich beendete das sinnlose Flattern mit fester Hand und schiebe ihn zurück unter die Bücher. Keine Ahnung warum mich Eifersucht immer so lyrisch macht.

Was ist am 20. Juni?

Ein Arzttermin? Den markiert sie eher nicht mit Sternchen und Herzchen, außerdem mache ich meist unsere Check-up-Termine. Vielleicht ist es etwas von globaler Bedeutung? Der Beginn der feministischen Weltrevolution? Ein alternativer Feiertag?

Ich googele mich durch das Datum.

Am 20. (bzw. 21.) Juni steht die Sonne mittags am nördlichen Wendekreis im Zenit und geht am nördlichen Polarkreis nachts nicht mehr unter. Dieser Tag ist somit in der nördlichen Erdhälfte der längste des Jahres, die Sommersonnenwende. Was schön ist, aber nicht unbedingt ein Grund, Herzchen auf Papier zu kritzeln.

Außerdem erklärt sich 1685 ein gewisser James Scott, 1. Duke of Monmouth zum König von England. Die angestiftete Monmouth-Rebellion scheitert in der Schlacht von Sedgemoor am 6. Juli mit königstreuen Truppen.

Ich muss an Evelyn Hamann und Loriot und die beiden Cousinen denken, und das verbessert meine Laune genug, um einen Plan zu fassen. Vielleicht gibt es ja eine Ex, die an diesem Tag Geburtstag hat? Oder ist irgendein Haustier, das sie mit irgendeiner Ex gehabt hat, an diesem Tag verstorben? Oder geboren? Ich werde das herausfinden! Ich werde mit dem Spürsinn von Miss Marple diesem Rätsel auf die Spur kommen und das Stechen in meinem Herzen wird aufhören.

Dienstag, Frühstück.
Anne: Kennen wir eigentlich jemanden, der im Juni Geburtstag hat?

Anika: Was? Juni? Ich glaube nicht? Wieso?

Anne: Ich habe gestern über Sternzeichen gelesen und festgestellt, dass wir gar keine Zwillinge kennen.

Ich sehe sie an, wie jemand, die über Sternzeichen gelesen hat und sich solche Fragen stellt. Sie sieht mich kurz an, wie jemand die eigentlich die Zeitung liest und sich für dieses Thema wenig interessiert.

Anika: Okay. Nein, ich denke wir kennen keine Zwillinge. Sollten wir?

Anne: Zwillinge reisen für ihre Leben gern, sind mutig und sind charmant.
(Ich habe keine Ahnung, welche Eigenschaften Zwillinge besitzen, aber das hielt die Menschen die Horoskope schrieben ja auch von nichts ab.)

Anika: Seit wann glaubst du an Sternzeichen?

Diese Unterhaltung läuft in die falsche Richtung.

Anne: Kanntest du denn welche? Vielleicht früher?

Sie legt die Zeitung zur Seite und schaut im Aufstehen auf ihre Uhr.

Anika: Ich bin schon spät dran. Was meinst du mit früher? Meine beste Schulfreundin hatte im Juni Geburtstag, die habe ich aber seit 20 Jahren nicht mehr gesehen.

Das könnte es sein!

Anne: Ist doch schade, dass ihr keinen Kontakt mehr habt.

Anika: Findest du? Gut, ich suche dir ihre Adresse raus und du schreibst ihr im Juni eine Geburtstagskarte, sie hat am achten Geburtstag. Wenn ich mich recht erinnere, hasst sie Reisen, da habt ihr also schon mal ein Thema.

Dienstag, Abendessen.
Anika: Das ist jetzt die vierte oder fünfte Frage die sich mit Terminen im Juni beschäftigt. Erst heute

Morgen diese Sternzeichensache und jetzt will sie wissen, warum wir eigentlich die Sommersonnenwende nicht feiern. Da stimmt doch etwas nicht? Plant sie etwas? Weiß sie von Planungen anderer? Meine Eltern wollen uns schon so lange auf eine Kreuzfahrt einladen und irgendwie bin ich nie dazu gekommen ihnen deutlich zu sagen, dass ich es mir angenehmer vorstelle, einen Backenzahn ohne Betäubung gezogen zu bekommen, als mit ihnen und 2000 anderen Menschen in legerer Freizeitkleidung die Weltmeere zu verdrecken. Schwerölwolken sind irgendwie ein Stimmungskiller. Könnten meine Eltern diesen Weg gewählt haben? Kann sie zugesagt haben? Und jetzt wollen sie mich überraschen und versuchen herauszubekommen, wann ich Urlaub nehmen könnte? Das würde ihnen ähnlichsehen! Dass sie sich das schwächste Glied in der Kette heraussuchen, um ihre Kreuzfahrerpläne durchzusetzen. Ich muss das herausfinden und ich muss das verhindern.

Mittwoch Frühstück
Anika: Hast du letztens diesen Beitrag über Kreuzfahrten gesehen? Auf Arte? Haben wir den zusammen gesehen?

Anne: Ich kann mich nicht erinnern. Wieso?

Das ist es! Sie will eine Kreuzfahrt machen! Mit wem will sie eine Kreuzfahrt machen???

Anika: Es ist unfassbar, was diese schwimmenden Ganztages-Buffets für einen Schaden anrichten. Grauenvoll.

Sie will keine Kreuzfahrt machen. Oder sie will mich von dieser Idee fernhalten? Weil sie heimlich fahren will?

Anne: Habe ich nicht gesehen den Beitrag … ich fände ja eine Alaska Kreuzfahrt schon spannend, … kann man allerdings nur im Sommer machen. Im Juni sieht man da noch Gletscher die am Schiff vorbeiziehen …

Anika: Oh, mein Gott! Es ist Alaska.

Anne: … aber ökologisch finde ich das auch nicht vertretbar

Anika: Es ist nicht Alaska

Anne: Ich bin sowieso lieber auf festem Boden an einem schönen Ort … wenn der Sommer beginnt … Im Juni ist es ja ganz schön … wenn man da Zeit hat … Mitte Juni, wenn schon alles blüht …

Anika: Oh, Göttin! Es ist ein Cluburlaub. Morgens meine Eltern am Frühstücksbuffet und abends Polonaise um den Pool ... Ich muss das verhindern!!

Anika: Im Juni bin ich beruflich total eingespannt und im Juli ... im August auch und im September/Oktober/November.

Anne: Nur am 20.06 da hast du offensichtlich Zeit!

Da plant man und tut man und dann rennt die Eifersucht einfach mit einem Satz nach draußen und da hat man den Buchstabensalat. Sie schaut allerdings weder wütend noch ertappt, sondern eher verwirrt. Da ich mich jetzt schon so weit aus dem Fenster lehne, ist es sinnlos, mich am Fensterbrett festzuklammern. Ich gehe zum Schreibtisch und ziehe den Zettel unter den Büchern hervor.

Anne: Da! 20.06.18 Herzchen, Sternchen, Ausrufezeichen. In Rot!

Anika: Muss demjenigen, der den Zettel geschrieben hat, sehr wichtig sein. Habe ich auch schon überlegt und wollte den Zettel auf jeden Fall wieder ins Buch legen, wenn ich es in die Bibliothek zurückbringe.

Anne: Der Zettel lag in einem Buch aus der Bibliothek? Findest du mich eigentlich süß, wenn ich eifersüchtig bin?

Anika: Der Zettel lag in einem Buch aus der Bibliothek und ich finde dich süßer, wenn du es nicht bist.

Anne: Findest du mich süß, wenn ich dir ein Geheimnis verrate?

Anika: Kommt ein bisschen auf das Geheimnis an …

Ich gehe zur Tür, einfach um einen kleinen Vorsprung zu haben, ich habe ziemlich kurze Beine.

Anne: Deine Mutter hat gestern angerufen, weil sie die 14-tägige Alpenwanderung für uns vier endlich gebucht haben. All inclusive, mit gemeinsamen Übernachtungen in Hütten. Mehrbettzimmer.

Anika: Das ist nicht dein Ernst.

Nein, ist es nicht. Aber das sage ich ihr erst später, wenn sie die Sache mit dem 20.6. vergessen hat.

Liebe für mich

Em
Bitte backe heute Abend einen Kuchen für mich.
Ganz egal wie, doch bitte backe einen Kuchen für mich.
Em/C/A/G
Selbst wenn er am Rand anbrennt und in Puderguss ertrinkt,
bitte tue mal was Süßes für mich.

Refrain:
Em/C/A/G/D
Du bist die Liebe für mich, Liebe für mich.
Liebst du mich wirklich?
Du bist die Liebe für mich, Liebe für mich.
Ich lieb dich wirklich!

Em
Bitte schreibe heute Abend ein Gedicht für mich.
Nur ein paar Zeilen, ein kleiner Zettel auf dem Küchentisch.
Em/C/A/G
Selbst wenn's nur 'ne Nachricht ist,
dass du ganz woanders bist,
bitte denke einmal nur an mich.

Refrain:
Em/C/A/G/D
Du bist die Liebe für mich, Liebe für mich.
Liebst du mich wirklich?
Du bist die Liebe für mich, Liebe für mich.
Ich lieb dich wirklich!

Em
Bitte gehe heute Abend ins Café mit mir
und ich bestelle dir was du willst dafür.

Em/C/A/G
Selbst wenn du mir nichts erzählst,
ab und an sehr herzhaft gähnst.
Bitte tue einmal etwas für mich.

Von A nach B

Das Grauen beginnt mit einem Anruf in der Nacht.

Du bist eigentlich fest entschlossen, das leise Klingeln zu ignorieren, wenn da nicht die Befürchtung wäre, dass deine Mutter, die schon mehrmals verkündet hat, dass der Lebensstil ihrer Tochter sie ins Grab bringen wird, diesen Weg aus purer Boshaftigkeit zu dieser Stunde angetreten hat.

Dem schrecklichen Schluchzen am anderen Ende der Leitung entnimmst du sofort, dass es sich nicht um deine Mutter handelt. Deren Schluchzen wird gewöhnlich von donnernden Chorälen aus der heimischen Kompaktanlage untermalt, in denen die Wörter Hölle, Feuer und Sünder überproportional häufig vorkommen. Es ist stattdessen eine deiner Ex-Freundinnen (nennen wir sie A), die nicht mehr nach Hause zu ihrer langjährigen Beziehung (nennen wir sie B) kann. Du wirfst noch einen letzten Blick auf die Idylle deiner im nächtlichen Frieden ruhenden Eigentumswohnung und bietest A deine

Couch an. Eigentlich hattest du A noch bitten wollen, nicht zu klingeln, damit deine Lebensgefährtin nicht aufwacht, da röhrt die Schelle schon los als gälte es, den jüngsten Tag zu verkünden.

Du hechtest hektisch in den Flur, deine Angetraute stolpert mit verschlafenem Blick an dir vorbei Richtung Badezimmer, und etwas in der Art, wie sie die Tür hinter sich so zuschlägt, dass der Badezimmerspiegel vibriert, sagt dir, dass sie dein Angebot am Telefon zwar mitbekommen hat, aber in keiner Weise unterstützen wird.

Hier handelt es sich um ein Problem, das du getrost ignorieren kannst, bedenkt man, was in den nächsten Tagen noch auf dich zukommen wird.

Bis in die frühen Morgenstunden lauschst du dann deiner hemmungslos weinenden Ex-Freundin A. Während du dich durch die gesamte Tee-Farbpalette von schwarz über grün zu weiß kochst, erduldest du mit ihr gemeinsam die Monate voller Qualen, in denen sie unermüdlich versuchte, ihre schlingernde Beziehung wieder auf Kurs zu bringen, und schließlich empfindest auch du die neue Referendarin, mit der sie heimlich geschlafen hat, als ein Zeichen des Himmels.

Es scheint in diesen Momenten alles so sonnen-klar: Die Beziehung von A und B nicht mehr zu retten, die Referendarin in allen Dingen mit A seelenverwandt und A deshalb vollkommen unschuldig von B ihres Wohnrechts beraubt. Du meldest dich am Morgen krank und legst dich schlafen.

War alles nicht so schlimm, wie es im Dunkel der Nacht ausgesehen hat.

Diesem Irrglauben hängst du auch noch nach, als du in den Mittagsstunden dem Austausch süßer Nichtigkeiten lauschst, der sich dank Mobiltelefon zwischen deinem Sofa und einem weit entfernten Referendarinnen-Kleinwagen entwickelt.

Wie süß, denkst du noch, wie romantisch, als erneut eine schlagende Tür die Kontakte zwischen Dübel und Haken aller Bilder und Spiegel testet. Es ist deine Lebensgefährtin, deren Aura eine ernste Gefahr für den kosmischen Frieden darstellt, und die nichts, aber auch gar nichts vom schicksalhaften Treffen zweier verlorener Seelen hören will.

»Dann frag sie mal, wie lange sie dieser VERLO-RENEN SEELE schon hinterherläuft und warum die VERLORENE SEELE nicht von zu Hause aus telefoniert!«

Es gibt etwas in der Art, wie sie ihren Satz betont, das dich böse macht, weil es deine Version der Realität in zweifelhaftem Licht erscheinen lässt.

»Woher willst du das wissen? Du konntest sie nie leiden und da ist es ja ganz klar, dass du auch ohne irgendetwas zu wissen über sie urteilst. Siehst du nicht, dass es ihr schlecht geht?«

Ihr werft beide einen Blick zur Couch, auf der sich der Gegenstand eurer Diskussion selbstvergessen in den Hörer räkelt.

Deine Freundin wirft dir einen Blick zu, für den vielsagend eine zu schwache Bezeichnung wäre.

»B hat mich heute Morgen im Büro angerufen und mir die ganze Geschichte erzählt. Erstens hat A in diesem Jahr schon zwei andere SEELEN getestet, zweitens läuft diese spezielle SEELENVERBINDUNG schon länger, und sie hat völlig vergessen, B davon zu erzählen, die davon erst gestern Abend durch den Anruf einer völlig Fremden erfuhr, die sich als die Beziehung der REFERENDARIN herausstellte ...«

(Erste dramatische Pause)

»... wenn du noch einen Funken Verstand im Kopf hast, schmeißt du A auch raus ...«

(Zweite dramatische Pause)

»... wenn nicht, tue ich das!«

In den nächsten Tagen sinkt die Raumtemperatur, wann immer deine Lebensgefährtin die Wohnung betritt, so dramatisch, dass die Eiszeit dagegen wie eine Ansammlung lauer Frühlingsabende wirkt. Du hältst an deiner Meinung und der Ex-Freundin A fest, zweifelst nur nachts im Schutze der Dunkelheit und beobachtest den regungslosen Deckenberg, der sich auf der anderen Seite des Bettes Abend für Abend in Stellung bringt.

Dann klingelt das Telefon wieder.

Weil du mittlerweile weißt, dass dieses Geräusch durchaus Unheil bedeuten kann, zögerst du mit dem Annehmen und bist positiv überrascht, als eine gemeinsame Freundin nach A fragt, um sie in diesen schweren Stunden zu trösten.

Später trefft ihr euch zu dritt und habt endlich eine Verbündete.

Bedauerlicherweise hat auch die Gegenseite für ihre völlig absurde Version der Realität Anhängerinnen gefunden, und der Graben verläuft nicht länger nur quer durch dein Echtholzparkett, sondern auch mitten durch deinen Freundeskreis.

Jede Tanzveranstaltung wird zum Glaubensbekenntnis und die Bewegungen aller Anwesenden werden mit Argusaugen verfolgt.

»Du hast gerade bei B gestanden, nicht wahr?«

»Das war rein zufällig, wirklich! Ich weiß doch, was sie A unterstellt, glaubst du, da spreche ich lange mit ihr?«

Eine Woche später wird eine eurer Verbündeten mit B in einer Eisdiele gesichtet und gesteht, dass sie aus Überzeugung zum Feind übergelaufen ist. »Also wirklich, dass du A immer noch bei dir wohnen lässt, so wie die mit B umgeht!«

Dein Leben hat mittlerweile alle Anzeichen einer griechischen Tragödie und du versuchst, dich daran zu erinnern, ob es in diesen Stücken eigentlich ein Happy End gab.

Wochen voller Grabenkämpfe ziehen ins Land und du hältst deine Stellung auch dann noch, als die Referendarin den im Himmel geschlossenen Bund mit durchaus irdischen Worten beendet. (»Du, das ist mir echt zu viel Generve!«)

Irgendwann hast du B am Telefon, die leise nach A fragt, und brüllst ihr, überrascht von so viel Unverschämtheit, all deine Wut gut gemischt mit dem in langen Nächten angesammelten Insiderwissen ins schutzlose Ohr.

Am Telefon wird es still und A auf der schon völlig durchgesessenen Couch wird leichenblass. Du brüllst weiter und signalisierst mit hochgerecktem Daumen den endgültigen Triumph Richtung Wohnzimmergarnitur. Mitten im Signalisieren nimmst du eine Bewegung wahr und siehst, dass es A ist, die ihre Reisetasche mit Kleidungsstücken füllt. Nach einem furiosen Schlusssatz unterbrichst du das Gespräch mit einem energischen Tastendruck und wendest dich der demonstrativ Packenden zu.

»Was ist denn los? Ich habe dir doch gesagt, dass du bleiben kannst, solange du willst …«

Die Frau, die seit Wochen deine Wohnzimmermöbel, deine Beziehung und deine Magennerven strapaziert hat, wirft dir einen vernichtenden Blick zu und schreitet aus dem Raum.

»Glaubst du, ich kann hierbleiben, wo du so mit B umgehst? Wir haben beschlossen, es noch einmal zu versuchen, und dabei warst du mit deinen Lügengeschichten gerade am Telefon überhaupt keine Hilfe. Wie kann man nur so unsensibel sein, sie hat recht gehabt, du hast mich nie verstanden!«

Es wird eine Zeitlang sehr still um dich, nur deine Lebensgefährtin bestellt milde lächelnd ein neues Sofa. Du hältst das irrtümlich für ein gutes Zeichen, bis dann mehrere Freundinnen auf dem neuen Sofa

Platz nehmen, um dir rückwirkend ihre Einschätzung der Lage zu schildern.

»Du hast dich da viel zu stark reingehängt, das hat auch was mit dir zu tun!«

»Bei C und D hast du auch unheimlich lange gebraucht, um zu verstehen, worum es wirklich geht!«

»Ich wusste ja, dass die beiden sich wieder treffen, aber ich dachte, du wüsstest es auch ...«

»Wenn ich ein Problem hätte, würde ich dich wahrscheinlich trotzdem anrufen!«

Das ist der Moment, in dem du aus deiner Trance erwachst und laut »NUR ÜBER MEINE LEICHE!« schreist. Ein Schwur, den du leider im Laufe der Jahre vergisst.

Und irgendwann, ... eines Nachts, sei dir da ganz sicher, wird das Telefon wieder klingeln.

#niemehrallein

F/G/C/AM

Ich spüre deine Hände,
mein Herz wird laut, mein Mund wird still.
Dein tiefer Blick spricht Bände,
du bist jetzt alles, was ich will.
Die Welt ist ganz verschwunden,
es gibt nur deine Haut,
und meinen warmen Wunsch,
der neue Wege baut.

Ich will nur dich noch fühlen
und vorher ganz kurz klicken
und meinen Facebook-Freunden
ein kleines Update schicken.
Bevor wir ganz in uns versinken,
muss ich schnell tippen, posten, wischen,
und uns auch digital verlinken,
und unsere Daten mischen.

Refrain: Es gibt nur dich und mich und uns
und diese Sommernacht
und einen hellen Mond,
der wie die Sonne lacht.

Dass wir uns endlich treffen,
hat 70 Likes bekommen,
der Hashtag #secretLove,
hat mir die Angst genommen.
Bevor du deine Lippen,
jetzt sanft auf meine presst,
lass uns ein Foto machen,
das nichts mehr offen lässt.
Und das bei Twitter dann
retweetet werden kann.
Und allen Zweiflern zeigt,
sie hat das dritte Date
endlich mal nicht vergeigt.

Es gibt nur dich und mich
und digitale Nabelschnüre.
Es gibt nur dich und mich
und gut kopierte Liebesschwüre.
Es gibt nur dich und mich
und inszeniertes Schnappschusslachen
und Freunde, die das auch so machen.

Und Cambridge analytica.
Und Chatbots live from Russia .
Und Zuckerberg, der viel verspricht.
Nur Datenschutz, den gibt es nicht.

Homo bewertikus

Ich sitze in einem Café und bin nach zwei Latte macchiato schon wieder einer Meinung mit Sokrates.

Ich weiß, dass ich nichts weiß.

Er hat damals sicherlich etwas anderes getrunken und seine Erkenntnis thematisch etwas breiter aufgestellt, aber ich denke, und zwar darüber nach, also bin ich. Schon wieder eine philosophische Erkenntnis.

Wer hat das noch gesagt?

Und was hat der wohl getrunken?

Egal, wahrscheinlich haben beide sowieso ihre bahnbrechenden Sätze von einer Frau oder Freundin geklaut.

Ich versenke meinen Mund im Milchschaum und stelle mich meinem eigentlichen Problem.

Ich habe in den Resten der Realität zunehmend Schwierigkeiten Frauen anzusprechen ..., weil es mich verunsichert, dass ich nichts über sie weiß. Und weil mir im Gegensatz zu früheren Zeiten heute bewusst ist, dass ich nichts weiß.

Denn Wissen ist heutzutage nicht analoge Macht, Wissen ist digitale Pflicht. Und alle, die heutzutage etwas wissen, fühlen sich ununterbrochen aufgefordert, anderen etwas zu empfehlen oder sie zu warnen. Ich weiß und ich bewerte, also bin ich. Der Homo sapiens steht winkend im Licht der untergehenden Sonne, denn das Zeitalter des Homo bewerticus ist angebrochen.

Was war das früher für eine unschuldige Welt, in der alles unbewertet war. In der man selbst herausfinden musste, dass der Badeanzug eines bestimmten Herstellers immer drei Nummern zu klein ausfiel und dass das Hotel seine drei Sterne selbst aufgemalt hatte.

Man verspeiste in jenen lang vergangenen Tagen ein grauenhaftes Fischgericht in einem viel zu teuren Lokal, übergab sich schweißgebadet 48 Stunden lang und dann?

Nichts und dann!

Nur der engste Freundeskreis erfuhr jemals davon.

Wo hätte man auch seinen Leidensweg bebildert mit dem Fischgericht, einem Selfie vor und nach dem Besuch des Badezimmers und einer wutentbrannten Bewertung hinterlassen sollen?

Heute ist das anders, heute erfahren wir alle, wenn irgendjemand ein Haar zu viel in der Suppe oder genau die richtige Menge Haare zu wenig nach dem Waxing hatte. Nichts bleibt unbewertet, es gibt Portale für jedes Produkt, jede Dienstleistung, für Hotels und Restaurants, für Supermärkte, Handwerkerinnen, Lehrende, Arbeitgeber, Arztpraxen und Rechtsanwaltskanzleien und vieles mehr. Einen Daumen hoch oder alle Daumen runter. Wir wissen schon kurz bevor uns 80 % des vietnamesischen Streetfood-Sandwiches auf das sommerliche T-Shirt rutschen, dass diese spezielle Leckerei schmackhaft, gesund und schwer zu essen ist. Dass sich diese Flecken selbst Gallseife widersetzen werden, wissen wir auch.

Jeder war irgendwo, hat irgendetwas erlebt, gegessen, gekocht, gekauft und weiß etwas, und jede/r will, dass die anderen es auch wissen! Wie ein manischer Kartograf malt die digitale Welt jeden Tag eine neue Landkarte unserer Meinungen. Beurteilte Landschaften, wo man auch hinschaut.

Ich liebe es, wenn Kartendienste und Bewertungsportale zusammengeführt werden und ich so Stadtpläne mit all denen, die im betreffenden Stadtgebiet schon ausgiebig bewertet wurden, aufrufen kann. Da sieht man auf einen Blick, dass im Haus des mittelmäßig bewerteten Italieners (3 Sterne, gute Pizza, das Tiramisu hatte die Konsistenz von Wundsalbe) noch ein schlecht bewerteter Rechtsanwalt (2 Sterne, hat das Fahrverbot wegen Trunkenheit am Steuer nicht abwenden können) und eine gut bewertete Zahnärztin (4 einhalb Sterne, arbeitet mit Lachgas) residieren.

Wie soll ich also hier und jetzt mit Frauen in Kontakt treten, über die ich weniger weiß als über die lachende Zahnärztin oder über meine neue Regenjacke? Vor deren Kauf hatten mir unzählige Bewertungen verraten, dass sie eine 2-Wege-RV-Unterarmbelüftung, eine Brusttasche und eine Oberarmtasche sowie eine zweifach regulierbare Sturmkapuze bietet und dass sie dank der leistungsstarken Dermizax-NX-Membran atmungsaktiv ist, ohne Kompromisse in Sachen Wind- und Wasserdichtheit eingehen zu müssen.

Sie wiegt bei all dem übrigens nur 380 g. Die Jacke, nicht die Zahnärztin.

Über die Frauen hier weiß ich nichts, noch nicht einmal, ob sie auch eine vernünftige Regenjacke haben, denn leider scheint die Sonne.

Ich bin ja überhaupt nur in diesem Café, weil es bei Yelp und bei Google so gute Bewertungen hat, sich selber als gayfriendly auszeichnet und natürlich, weil Rosie43, die als Local Guide sicher Ahnung hat, es als ein supertolles Café mit tollem Essen und tollem Latte Macchiato bewertete, bei dem auch die Toiletten top sind. Ich musste noch nicht zur Toilette, deshalb kann ich nicht beurteilen, ob das stimmt. Der Kaffee ist aber gut und die Klientel wirklich deutlich in meiner Konsonantengruppe.

Da ja in den letzten Jahren immer mehr Buchstaben dazu gekommen sind, darf ich das sicherlich vermuten, habe kein Onlineportal, auf dem ich das jetzt live überprüfen könnte. Schade.

Heute, wo ich vor dem Kauf jeder Wandersocke erstmal 20 Bewertungen auf drei Portalen lese und mich dann gegen die Socke entscheide, weil Heidrun33 die an der Ferse zu eng fand und ich ihr mehr glaube als JuliaABC, die ihr perfekte Passform attestierte, die aber auch das Geschirrtuchset Prilblume für einen guten Kauf hielt, das mir im täglichen Betrieb viel zu schnell Form und Farbe verloren hatte, bin ich IRL, i real live hilflos.

Und Online-Dating ist, obwohl man das vermuten könnte, doch auch keine Hilfe. Hier draußen im Analogen habe ich wenigstens noch ihre Bewegungen, ihren Geruch, falls ich ganz nah vorbeigehe, und ihre Stimme. Ich erinnere mich daran, dass mir diese Eindrücke früher als Entscheidungshilfe gedient haben. Online habe ich nur ein Bild, mit ein paar Hobbys die immer klingen als ob sie aus dem Buch »Hobbys, die frau ab 40 haben sollte« entnommen sind. Alle lesen, alle wandern, alle gehen zum Yoga, sehen gern, wie die Sonne am Meer untergeht, und machen gerne lange Spaziergänge im Wald.

So komme ich nicht weiter.

Unter 40 übrigens auch nicht, da sind alle sicher, dass Poetry-Slam, Clubbing und Großstadtbesuche sie von der Menge abheben. Gewandert und in die sinkende Sonne geguckt wird in diesem Alter übrigens auch.

Mir fehlen Online-Bewertungen, mir fehlen wichtige Informationen, von denen ich weiß, dass sie dafür sorgen werden, dass mir der neue Stern in meinem Leben ganz schnell Schnuppe wird.

Sie hört Helene Fischer und hat sieben ihrer Konzerte besucht? Da geht es bei mir atemlos und gnadenlos in die andere Richtung.

Sie hält *Vegan* für einen neuen Renault und besitzt einen Weber Grill in der Größe eines Kleinwagens? Bis zum Grillen werden wir nicht kommen.

Diese Dinge erfährt man aber nicht oder nur, wenn es schon zu spät ist. Ich denke, hier sollte der Algorithmus dringend neue Ergebnisse liefern und seine wirklichen Stärken ausspielen

Wie wäre es denn mit: Lesben, die in ihrer Gegend mit Jutta M. eine Beziehung hatten, interessierten sich auch für Katrin B, schliefen mit Meike D. und Meike G und knutschten mit Britta H.

Das ist ein vertrautes System, da hätte auch die digital suchende Lesbe eine faire Chance, sich einzuordnen.

Sinnvoll fände ich auch einen kleinen Hinweis, der verrät, dass es eine Frau wie die, deren Profil man gerade betrachtet, mit winzigen Abweichungen (wandert nur im Flachland) auch 20 km näher gibt. Man wird im Alter ja nicht mobiler und Nachtfahrten werden da schnell zum Problem.

Ich bestelle jetzt einfach einen dritten Kaffee, um sicherzustellen, dass ich auch die Toilette überprüfen muss. Vielleicht weicht meine Nasszellen-Bewertung ja von der von Rosie43 ab, ich poste das, wir kommen online ins Gespräch und treffen uns noch in diesem Sommer an einem von sieben Nutzerinnen als romantisch eingestuften Badesee.

Schließlich weiß ich dank Rosies letzten Bewertung, dass ihr neuer Badeanzug kleine Pölsterchen am Bauch gut kaschiert und ihr Rücken und ihr Dekolleté durch den Netzeinsatz perfekt zur Geltung kommen. Klingt für mich nach 5 Sternen!

Katalysator

Em   Am/C/D/G/Am/C/D H

Ich will so gern unterhalten
will gerne unterhaltend sein
will euch alle zum Lachen bringen
euer Katalysator sein.

Ich will so gern alles fühlen
will so gerne mitfühlend sein
will euch alle tief in mir spüren
will euer Seelentröster sein.

Refrain:
Em/C/Am/D
Und dann seh ich mich und sehe nichts als alles über mir.
Es bricht ein Krater auf, saugt meinen Atem, lädt mich
          mit sich auf.
Dann seh ich Sternenlicht, das sich ergießt mein
          Spiegelbild zerbricht, zerfällt zu Staub.

Ich will so gern alles verstehen
will so gerne verständlich sein
eure Gedanken übertragen
will euer Übersetzer sein.

Ich will so gerne mit euch spielen
ich will so gern Mitspieler sein
und eure Taktik noch verbessern
will eure Coach durchs Leben sein.

Refrain:
Em/C/Am/D
Und dann seh ich mich und sehe nichts als alles über mir.
Es bricht ein Krater auf, saugt meinen Atem, lädt mich
       mit sich auf.
Dann seh ich Sternenlicht, das sich ergießt mein Spie-
gelbild zerbricht zerfällt zu Staub.

Ich will euch alle so gern lieben
ich will beliebt sein unter euch
will tief in euren Herzen wohnen
will euer ein und alles sein.

Ich will so gerne mit euch gehen
oh, bitte bleibt doch alle da
denn ich kann ohne euch nicht leben
denn erst durch euch werde ich wahr.

Ich will so gern unterhalten
will gerne unterhaltend sein
will euch alle zum Weinen bringen
euer Katalysator sein.

Amuse-Gueule

Anne: Ich hätte die graue Bluse anziehen sollen. Das grüne Hemd hat zwar einen schöneren Kragen und passt besser zu meinen Augen, legt im Sitzen aber einige unschöne Defizite im Taillenbereich offen. Wobei Defizit vielleicht nicht die richtige Bezeichnung ist, denn da geht es ja per Definition um etwas, das weniger ist, was in der betroffenen Region bei mir nicht zutrifft. Und bei einer Verabredung in einem Restaurant ist das Sitzen so schwer zu umgehen. Wir hätten vielleicht spazieren gehen sollen! Da trägt man um diese Jahreszeit sogar noch eine Jacke und ich hätte das grüne Hemd nicht ständig daran hindern müssen, mein verborgenes Michelin-Männchen sichtbar nachzuzeichnen.

Ich setze mich einfach näher an das Tischtuch. Gut, dass ich ein Restaurant mit langen weißen Tischtüchern ausgesucht habe.

Anika: »Lass uns doch am Freitag zusammen essen und dann schauen wir weiter. Kennst du etwas Schönes?«

Anne: Das hatte sie vor drei Tagen am Telefon gesagt und ich hatte das in dem gewaltigen Glücksrausch, den ihre Worte ausgelöst hatten, bejaht, um danach tagelang hilflos Restaurantführer zu wälzen. Ich hatte italienische Lokale ausschließen müssen, weil ich bereits mehrere Kleidungsstücke besaß, die von meinem Umgang mit Spaghetti/Fettuccine und Tagliatelle erzählten. Mein Ehrgeiz, alle länglichen Nudeln schnell und elegant um die Gabel zu wickeln, verwandelte sie nämlich meist in rotierende Gefahren, die an die Bürsten in Waschstraßen erinnerten, nur dass sie kein Wasser, sondern Tomatensoße verteilten.

Und jetzt saß ich hier.

Ich seufze laut, ohne das zu wollen. Ein Kellner in der Nähe schaut kurz und beunruhigt auf und bringt mir dann einen Brotkorb. Ich nehme ein winziges Stück Brot aus dem Korb und drücke es zusammen.

Dieser Abend ist etwas Besonderes, er ist ein Anfang, und da muss ich doch verhindern, dass ich oder sie oder das Tischtuch dank unkontrollierbarer Pasta wie ein Gemälde von Jackson Pollock aussehen.

Ich habe mich auch für dieses Lokal entschieden, weil mir die Webseite gefiel, die von der Liebe und der Freude an den schönen Dingen des Lebens erzählt. Hier, wo sich das Licht der Kerzen in den anmutigen Rundungen der polierten Weingläser fängt und die Kellner in ihren langen schwarzen Schürzen umherhuschen und an den Tischen flüstern, als verrieten sie jedem Gast ein anderes Staatsgeheimnis und nicht nur den Fisch des Tages, hier ist mein klopfendes Herz allerdings fast hörbar. Und mein Seufzen zu laut.

Ich sitze zudem mittlerweile so dicht am Tisch, dass die Schmetterlinge in meinem Bauch das Tischtuch zum Flattern bringen könnten, und in der verspiegelten Fläche hinter der Bar sehe ich aus wie eines der Kleinkinder, die man in ihren Hochstühlen extrem nah an die Teller schiebt, um sie effektiver füttern zu können. Kein Eindruck, den man bei einem ersten Treffen auslösen möchte. Ich schiebe den Stuhl wieder etwas zurück, ziehe das Hemd von der Problemzone und studiere den Spiegel. Und die Uhr, die links daneben mit blass goldenen Zeigern das Vergehen der Zeit still und anmutig inszeniert. Ich bemühe mich nicht zu sehen, dass sie schon 10 Minuten zu spät ist. So wie ich nicht errechnet habe, dass ich 20 Minuten zu früh war. Einer der huschenden Kellner verharrt wieder kurz an meinem Tisch, rückt eines der Gläser vor dem leeren Platz gegenüber ein wenig zurecht, schüttet mein Wasser nach und lächelt mir

aufmunternd zu. Ich studiere die Karte. Sie ist zwei-
sprachig und in einer der beiden Sprachen, kann ich
nur den Satz »Ich bin im Schreibwarenladen gewesen« flüssig lesen und verstehen. Die andere ist wohl
meine Muttersprache, allerdings kommt mir auch in
diesem Teil wenig bekannt vor.

Milchkalbsbries karamellisiert in Patschuli-Es-
senz mit Shizo-Tempura.

An Patschuli kann ich mich erinnern, danach
roch jede gymnasiale Oberstufe, die in den 70ern
etwas auf sich hielt. Appetitanregend war der Duft
eigentlich nicht, eher geeignet, etwaige Motten von
unserer Anti-Establishment-Uniform fernzuhalten.
Und ist Bries nicht irgendeine Drüse. Ich muss das
mal googeln.

Ich hätte das nicht googeln sollen.

»Kalbsbries hat eine an Hirn erinnernde, aber
etwas festere Struktur und ist reich an Kalium und
Vitamin C sowie Purinen.«

Eine kaliumreiche Drüse in Patschuli. Ich hätte
vielleicht doch die Spaghetti-Bürsten riskieren sollen.

*Anika: Das kann doch nicht sein, dass ich ausgerech-
net jetzt keinen Parkplatz finde. Wofür fahre ich denn
so eine überdachte Zündkerze, wenn mir das genau in
solchen Momenten keine Vorteile bringt?*

Mist.

Ich hätte nicht so lange überlegen sollen, ob ich Rock oder Hose anziehen soll, und wenn Rock, dann mit welcher Bluse, und wenn Hose, dann mit welchem Shirt. Und dann hätte ich mir den Rotwein nicht über das Shirt, für das ich mich entschieden hatte, schütten sollen. Ich hätte den Rotwein sowieso nicht auf nüchternen Magen trinken sollen. Aber ich bin so verdammt nervös. Vielleicht habe ich schon Parkplätze übersehen, vielleicht komplette Parkgaragen, mir ist nämlich ein bisschen flau. Und mein Herz schlägt viel zu stark und genau auf den Magen und deshalb schwappt der Rotwein ständig hin und her.

Ich bin schon viel zu spät. Jetzt denkt sie sicherlich, dass ich unzuverlässig oder unpünktlich bin. Oder, dass mir unser Treffen nicht wichtig ist. Wenn sie wüsste, dass ich heute Morgen ganz erfüllt von unserem letzten Telefonat mit dem gut gefüllten Müllbeutel einkaufen gegangen bin und mir das erst vor Aldi klargeworden ist. Das und die Tatsache, dass ich stattdessen meine Einkaufstasche in die Mülltonne geworfen habe, würde mich sicher in ein anderes Licht rücken. Kein Besseres, bei näherem Nachdenken, aber ein anderes. Ich müsste ihr unbedingt texten, dass ich schon dreimal an diesem Restaurant vorbeigefahren bin. Dafür müsste ich aber einen Platz finden, an dem ich halten kann, ohne dass mein unsoziales Verkehrsverhalten der ganzen Stadt von mindestens drei Autohupen im Canon verkündet

wird. Ich drehe jetzt noch eine Runde, ich habe schon
gar keinen Appetit mehr.

Hoffentlich ist das nicht so ein Laden, indem jedes
Gericht ein Paradies für Präpositionen ist. Dinge, von
denen man nicht wusste, dass man sie essen kann, an
Zutaten, die man nicht kennt, neben lauter Sachen, die
man in der Küche eher nicht vermutet, auf einem Bett
aus unklarem Grünzeug.

Im Moment wäre mir nach einem Zwieback.

An einem Wodka.

Da, genau gegenüber vom Restaurant tut sich etwas.

Wenn dieser freundliche ältere Herr seine Gattin
und ihre stattliche Tütenzahl ins Auto geladen hat,
fährt er sicher heraus. Ich bleibe jetzt hier in zweiter
Reihe in dieser zugegeben engen Straße stehen, setze den
Blinker, texte ihr und stelle die Ohren auf Durchzug.

Anne: Eine Nachricht von ihr. Versammelte Schutz-
heiligen der ersten Dates, lasst das bitte keine
schlecht gelogene Entschuldigung sein, warum sie
heute Abend nicht kommen kann.

Quatsch, sie freut sich.

Hat sie gestern Nacht am Telefon noch gesagt.

Am Telefon kann man das leicht sagen. Ich weiß
ja nicht wie sei dabei geguckt hat.

Quatsch!

Ich lese das jetzt und entwerfe keine Schreckens-
szenarien.

Ich habe Magenschmerzen.

Anika: Versuche gerade einzuparken. Bin gleich da.
Freue mich.

Anne: Natürlich! Deshalb ist sie zu spät. Ich habe
vor Erleichterung fast das Tischtuch von Tisch ge-
rissen. Zum Glück habe ich es im letzten Moment
losgelassen.

Sie kommt ja mit dem Auto und Parkplätze ge-
hören in dieser Gegend zu den bedrohten Arten.

Dann ist sie also gleich hier.

Setzt sich.

Sieht mich an.

Mir ist schlecht.

Ich hätte heute vielleicht irgendwann etwas essen
sollen. Das kleine Stückchen Brot aus dem Korb, der
mich wohl bis zur Patschuli-Drüse beruhigen sollte,
habe ich auch weniger gegessen und mehr zerkrümelt. Gründlich zerkrümelt, eigentlich schon fast
wieder in das Mehl zurückverwandelt, aus dem es
einst gebacken wurde. Ich fege jetzt unauffällig das
Brotpuzzle vom Tisch, setze mich vorteilhaft hin
und antworte ihr.

Anika: Der Wagen steht gut und ich muss jetzt nur noch aussteigen und ins Restaurant gehen. Im Rückspiegel sehe ich die roten Flecken, deren Hitze ich deutlich auf den Wangen fühle. Kann ich das noch überschminken?

Ob wir uns etwas zu sagen haben?

Am Telefon reden wir immer stundenlang Unsinn. Schönen Unsinn. Unglaublich schönen Unsinn.

Oh, sie antwortet.

Anne: Ich freue mich auch.

Anika: *Sie klingt so ruhig. Und so vernünftig. Sie sitzt da wahrscheinlich ganz entspannt und stellt im Geiste genau das richtige Präpositionen-Menü zusammen. Und ich sitze hier und sehe aus, als ob ich die Masern hätte. Und ich bin ein Bündel von herzzerklopften Emotionen und Erwartungen und anderen Worten mit E, die mir aber jetzt nicht einfallen. Was allerdings auch ein Wort mit E ist.*

Noch ein Text von ihr. Sie wird ungeduldig. Natürlich.

Anne: Bist du in Ordnung? Ich bin total aufgeregt und ich habe keinen Hunger mehr.

Und ich kann dich durch die Scheibe sehen.

Sollen wir nicht einfach spazieren gehen?

Anika: Kannst du Gedanken lesen?

Anne: Ja! Und Brot in Mehl verwandeln. Jesus ist schon ganz beunruhigt. Fährst du uns raus?

Anika: Wir könnten zum Rhein fahren. Da könnten wir schauen, ob du auch übers Wasser laufen kannst.

Anne: Lass uns mit der Uferpromenade anfangen.

Anika: Ist mir recht. Hauptsache raus!

Ich winke einen der geschürzten Kellner heran und ertrage seinen mitleidigen Blick genauso mühelos, wie er meine umständlichen Erklärungen. Er erlässt mir den Brotkorb und berechnet nur das Wasser. Sie ist dort draußen, möchte ich ihm zuflüstern und auf das kleine Auto deuten, aber ich lasse das und gehe einfach hinaus, dorthin wo das Wunder wartet.

Vernascht

Das alte Spiel, es ist immer wieder neu und aufregend. Man lernt sich kennen, der Blickkontakt nimmt zu, der Sitzabstand nimmt ab und dann irgendwann, leise, spürt man endlich ein feuchtes Flüstern im Ohr. Man spürt eine suchende Hand auf dem Oberschenkel und die Worte »Hast du schon mal Babaganoush versucht?« bemühen sich im erotisch aufgeladenen Gehirn einen Sinn zu bilden.

Babaganoush, hatte man das versucht? Es klingt nach seidenen Tüchern und tausendundeiner Nacht in orientalischen Gemächern.

Der Druck der fremden Hand auf dem Oberschenkel wird stärker und man sieht sich mit dem Gegenüber in intimsten, komplizierten Positionen verschlungen.

»Ich will Babaganoush«, flüstert man heiser und hofft, dass es eine geheime Stellung aus dem lesbischen Kamasutra ist.

Aber man kennt die moderne Welt und ist vorsichtig geworden, deshalb rückt man gleichzeitig ein Stückchen ab und sucht in den erregten Augen und dem sinnlich geöffneten Mund der jüngsten Eroberung nach einer Bestätigung für die eigene Theorie.

Wenn sich das Gegenüber jetzt die Lippen leckt, kann man sich fast sicher sein, dass man Babaganoush nicht nackt passieren, sondern voll bekleidet pürieren lässt.

Weil einem Ähnliches auch schon mit Kiwano, der haarigen Litschi, und der schwarzen Sapote passiert war, die man alle für Sextoys im Dildo-Spektrum gehalten hatte, ist man nur milde enttäuscht, ruft die eigenen Hormone zurück und lauscht in den folgenden Minuten der völlig entrückten Beschreibung einer Auberginencreme.

Ach ja, Auberginen, denkt man und seufzt.

Selbst in diesen Zeiten in denen ständig neue Identitäten und sexuelle Orientierungen ihren Platz im Regenbogen einnehmen, bleibt eine Gruppe weitgehend ungeoutet, die Gastrosexuellen. Dabei sind sie überall und leicht zu verwechseln mit den Menschen, die aus verständlichen Gründen durch kontrollierte Nahrungsaufnahme die Welt retten wollen.

Ich persönlich fürchte, dass Gastrosexualität eine Altlast der 68er-Generation ist, die danach trachtete, den sexuellen Körper zu befreien. Da der Körper zur Befreiung und Erlösung irgendwie nicht taugen wollte, ist das ursprüngliche Konzept zwar stillschweigend untergegangen, nicht aber die Idee der körpernahen Erlösung, die sich heute an alles was man kauen kann, heftet.

Gastrosexuelle verbreiten sich so unaufhaltsam wie der Mettigel in den siebziger Jahren oder Bubble Tea zu Beginn des jungen Jahrtausends. Zunehmend kommt man bei Flirts an den Punkt, an dem man sich schon heimlich über die Brustwarzen des Gegenübers Gedanken macht, aber stattdessen unaufgefordert etwas über den Darm erfährt. Den gesunden Darm, natürlich. OK, denkt man, fangen wir da an, aber schon redet man auch über Kimchi und Sauerkraut. Und wenn man Pech hat auch so lange über Omega-3-Fettsäuren, Algenspaghetti und Matcha-Tee, dass man sich nach anderen Brustwarzen mit einer unkontrollierten und vor allem undiskutierten Darmflora zu sehnen beginnt.

Gastrosexuelle sind überall. Sie essen Insektenburger, wenn wir noch Ramen schlürfen, sie sind schon pegan, während wir noch Tempeh herunterwürgen und die Leidenschaft, mit der sie jungfräuliche Olivenöle beschreiben, war früher ganz allein Gesprächen über Gleitgele vorbehalten.

Natürlich kann man mit Gastrosexuellen auch herkömmlichen Sex haben, aber wenn man dann ihren Gesichtsausdruck beim Beischlaf mit dem entrückten Blick vergleicht, mit dem sie genauso fordernd wie zärtlich das Eigelb beim Shakshouka penetrieren, dann weiß man, wo ihre wahre Hingabe liegt.

Wie jede Sexualität lässt sich natürlich auch die Gastrosexualität in noch kleinere Gruppen unterteilen, deren Feuer von unterschiedlichen kulinarischen Vorlieben entfacht wird.

Gruppe eins sind die Gastro-Globo-Sexuellen, die Jäger und Jäger_innen der internationalen Küche. Man landet mit ihnen zwar auch im Bett, aber vorher immer in einem noch völlig unbekannten turkmenischen Restaurant, irgendwo in einem schlecht beleuchteten Stadtteil. Dass es sich um ein Restaurant handelt verbirgt die Außenwerbung geschickt, die man wie bei einem guten Fetisch-Club mit der Lupe suchen muss.

Klar, dass es deshalb auch nur von anderen Gastro-Globo-Sexuellen aufgesucht wird.

Da isst man dann Hammel mit Rüben und kann das begeisterte Stöhnen und erfüllte Seufzen seines Dates nicht durchgehend nachvollziehen. Wie im Fetisch-Club ist man sich nicht sicher, ob man zuschauen darf, wenn an einem eng besetzen anderen Tisch in schummriger Beleuchtung das Lipioschka immer wieder rhythmisch in die Schorpa getaucht wird. Also blinzelt man unauffällig unter den eigenen Rüben hindurch und ist froh, das getan zu haben, als die Lipioschka auch am eigenen Tisch auftauchen und man weiß was mit ihnen zu tun ist. Das führt dazu, dass die Gastro-Globo-Sexuelle am eigenen Tisch einen zu sich nach Hause auf ein Kokosmilchgetränk mit roten Bohnen einlädt.

Da bebilderte Obsessionen unterschiedlichster Spielarten schon lange nicht mehr unter dem Bett oder ganz hinten im Schrank versteckt werden, liegen überall in der Wohnung explizite hochglänzende gastronomische Reiseführer und eindeutige DVDs herum. Während man in später Nacht endlich eng umschlungen einem Orgasmus nahekommt, läuft im Hintergrund eine Dokumentation die sich ausschließlich mit der Herstellung von Fufu beschäftigt. Und man ist sich nie ganz sicher, ob ihre wachsende Erregung den feuchten Küssen oder dem eher trockenen Brei aus Maniok und Kochkartoffeln geschuldet ist.

Kommt man nach Monaten zufällig am turkmenischen Restaurant vorbei und beschließt zu schauen, ob sie vielleicht da ist, wird man kein Glück haben. Die Gastro-Globo-Sexuellen sind schon weitergezogen und testen an einem geheimen Ort, der früher entweder eine Fabrik, eine Kirche oder ein Schwimmbad war, mit feucht glänzenden Augen und fettglänzenden Mündern, Akontoshi, gefüllte Landkrabben mit gebratenem Schinken aus Ghana.

Die zweite Gruppe sind die Gastro-Sano-Sexuellen, die Priester und Priester_innen der gesunden Küche.

Sie machen immer gerade eine Ernährungsumstellung, was es nicht nur schwermacht, für sie zu kochen, sondern auch mit ihnen zu schlafen. Die letzte Gasto-Sano-Sexuelle, mit der ich unvorsichtigerweise anbandelte, erklärte schon vor dem ersten Kuss, dass körperliche Annäherungen für sie nicht infrage kämen da sie gerade eine Keto-Grippe durchleide. »Ich habe Kopf- und Gliederschmerzen, erhöhte Temperatur, Muskelkrämpfe und Durchfall, ich bin müde, reizbar und fühle mich schwach. Alles Zeichen dafür, dass ich auf dem Weg zur Ketose bin.« Auch wenn ich mir in diesem Moment nicht sicher war, ob Ketose ein Bauwerk, ein Bewusstseinszustand oder eine degenerative Gelenkerkrankung war, war ich doch sehr sicher, dass ich dringend gehen sollte ohne das herauszufinden.

Bei Gastro-Sano-Sexuellen lohnt es sich, wachsam zu sein, denn sie betreiben ihre eigene Version von Stealthing, nur dass sie nicht heimlich Kondome beim Sex entfernen, sondern das Fleisch in Fleischgerichten. Das ist ihre Superkraft, sie können immer irgendetwas Tierisches durch irgendetwas Pflanzliches ersetzen und tun das mit großer Leidenschaft und Hingabe. Man kann zusehen, wie sich beim Essen ihre Pupillen verengen und ihre Stimmen erotisch angeregt klingen, wenn sie fragen: »Und wie hat dir mein Chili con Carne geschmeckt?« Sehr gut, antwortet man, obwohl man sich mühsam durch die überwürzte Pampe gekämpft hatte.

Gastro-Sano-Sexuelle kommen dann meist sofort, mit einem kleinen glücklichen Aufschrei und einem langen triumphierenden Atemzug, der ihnen genug Luft verschafft, um den Satz »Das war kein Fleisch, das war Lupinen-Eiweiß!« hervorzustoßen, bevor sie zufrieden einschlafen.

Die letzte Gruppe schließlich, die Gastro-Sine-Sexuellen sind die Verfechter und Verfechterinnen der Verweigerung. Für sie erwacht das erotische Kitzeln, wann immer sie in der Lage sind, sich mit wohldosiertem Verzicht abzugrenzen. Ihre Hormone kommen nur dann in Wallung, wenn sie bei der Bestellung im Restaurant etwas ausschließen können. Statt Ja! Ja! Ja!

im Bett hört man hier Nein! Nein! Nein! am Tisch. Sie dekonstruieren Gerichte, um Kohlehydraten, tierische Fetten, Gluten und Laktose den Zugang zu ihrem Stoffwechsel zu verweigern. Man hofft, dass sie eine Allergie haben, aber das glückliche Quieken, mit dem sie jede zusätzliche Zutat, die sich aussortieren lässt begleiten, spricht eher dagegen. Die ekstatische Freude, mit der sie schlussendlich ganz zärtlich einen einsamen Pilz an einer geschmorten Gurke verzehren, weil die alles sind, was vom ursprünglichen Gericht übriggeblieben ist, macht klar, dass sie einen Platz auf dem Regenbogen verdient haben.

Was das Flirten im Jahr 2019 angeht, wäre mir persönlich also sehr geholfen, wenn man den guten alten Hanky Code leicht abgewandelt wieder aufleben lassen könnte. Statt eines farbigen Taschentuchs, das aus einer bestimmten Hosentasche hängt, um sexuelle Vorlieben und gewünschte Sexualpraktiken unaufdringlich anzuzeigen, könnten bekennende Gastrosexuelle verschiedenfarbige Lätzchen oder Servietten umbinden, um sich zu erkennen und andere zu warnen.

Nur damit vorher schon klar ist, ob es eher in die Richtung Crème double oder Ménage-à-trois geht.

Regentropfen

G/D/Em/C
Die erste Nachricht an mich, hatte mich untergestellt.
War nass bis auf die Haut, es wurde grad wieder hell.
Du hast mir damals bereits von den Plänen erzählt.
Von deinem Traum wegzugehen, ans andere Ende der Welt.

Du warst anders als ich, das hat mich interessiert.
Hast mich mit deinem Humor von meinem Heimweh kuriert.
Du hast so viel gefragt, hattest so viele Ideen.
In jeder Zeile konnte ich deine Flügel sehn.

Regentropfen tragen dich zu mir.

Bei unserem ersten Date, da gab es Wodka und Lachs.
Beim ersten Blitz haben wir uns auf den Heimweg gemacht.
Du hast uns mit deiner Jacke vor dem Regen geschützt.
Und als der Donner dann kam, da haben wir uns geküsst.

Zwei Wochen lang waren wir beide unendlich verliebt.
Haben niemand erzählt, dass es den anderen gibt.
Dafür war keine Zeit, du warst immer bei mir.
Was ich von dieser Stadt weiß, das weiß ich von dir.

Em/D/C/C
Es war der heißeste Sommer, mit der heißesten Nacht.
Seit über einhundert Jahren – ich habe sie mit dir verbracht.
Und die Luft hat vibriert, und der Himmel gestrahlt.
Wir ham den Namen des andern um unsre Finger gemalt.

Wenn der Himmel sich heute grau zusammenzieht.
Sich in Millionen von Tropfen über die Dächer ergießt.
Ja dann denk ich an dich, an deine Jacke und dann
glaub ich, du kommst zurück und schickst den Regen voran.

G/D/Em/C
Regentropfen tragen dich zu mir

Ich sehe was, was du nicht siehst

Anne: Das war ja eine unglaublich geniale Idee, einfach mal alleine in diesen angesagten Club zu gehen, um eine Frau kennenzulernen. Hier habe ich in etwa so gute Chancen wie ein Pinguin beim Stabhochsprung. Ich vermute, dass es hier schon viele letzte Worte gegeben hat. Aber erste Worte? Wohl eher nicht. Wie denn auch, bei der Lautstärke? Da kann man ja nur schreien. Die Musik ist dazu noch eine seltsame Mischung aus Kirmestechno und einer alternativeren Alternative zu Alternativ.

Und alle hier, außer mir, müssen am Montag wahrscheinlich eine Klausur schreiben. Mit etwas Glück in der Uni, aber wahrscheinlich in der Schule.

Ist das heute ein Themenabend?

The extremely young and the very restless?

18 and under?

Bin ich in diesem Raum die Einzige, die den Fall der Berliner Mauer nicht ständig mit dem Fall von Troja verwechselt, weil sie beide Ereignisse nur aus dem Geschichtsbuch kennt? Seitdem die Barfrau mir aufmunternd zugelächelt und gesagt hat: »Eh cool, dass du in deinem Alter noch rausgehst!«, will ich hier niemanden mehr kennenlernen. Und ich will auch keine Getränke auf Red-Bull-Basis mehr. Ich will wieder nach Hause und ich will Menschen, die live erlebt haben, wie Abba 1974 den Grand Prix gewonnen hat.

Apropos Waterloo. Ich gehe jetzt meine Jacke holen.

Obwohl ... die Frau da, mit dem Zopf, der sich so wild aus seinem bunten Band stiehlt, und die allein an der Wand lehnt, wirklich nett aussieht. Schade, dass sie immer in die andere Richtung schaut. Ah, jetzt guckt sie ... wenigstens halbwegs. Süßes Profil! Hat sicher auch noch nicht selbst in der Zeitung lesen können, dass John Lennon erschossen wurde, aber könnte schon getrauert haben, als Elton John »Goodbye England's Rose« gesungen hat. Wenn ich daran denke, kommen mir direkt wieder die Tränen. Vielleicht liegt das aber auch am Rauch des beeindruckend großen Joints, der regelmäßig wie ein brennender Zeppelin an mir vorbeizieht. Kein Wunder, dass die Mädels neben mir so kichern. Der Anblick öffentlich konsumierter illegaler Drogen beruhigt mich. Da fühle ich mich doch gleich wieder wie in den Siebzigern.

Jetzt guckt sie! Aber leider nicht zu mir, sondern auf einen Punkt rechts über meinem Ohr, den ich nicht sehen kann, ohne mich umzudrehen.

Schöne Augen hat sie.

Vermute ich.

Ist doch ziemlich nebelig hier. Ob ich versuchen soll, ihren Blick aufzufangen? Jetzt guckt sie schon wieder weg. Wenn ich da drüben an der Bar stehen würde, könnte ich sie wohl noch etwas besser sehen. Und sie mich.

Ist doch eigentlich noch viel zu früh, um nach Hause zu gehen, und der ganze Qualm hier macht eigentlich auch extrem durstig. Ich hole mir noch ein Getränk.

Anika: Toll, da gefällt mir eine einzige Frau in diesem Laden und ich schaue einmal in eine andere Richtung und schon ist sie wieder verschwunden. Ansonsten gefällt mir hier heute Abend nichts. Noch nicht einmal die Beleuchtung. Und mir ist langweilig. Da hätte ich ja direkt zu Hause bleiben können, da war es auch langweilig. Und selbst meine kaputte Lampe im Schlafzimmer flackert nicht so krank, wie diese bescheuerten Stroboskoplampen. Sie stand doch die ganze Zeit an der Säule da drüben. Aber jetzt steht da niemand mehr. Mist. Ich hätte direkt zu ihr rübergehen sollen.

Und was tun?

Sie ansprechen?

Ich habe noch nie eine Frau angesprochen.

Doch einmal. Aber da war ich so betrunken, dass die Frau damals kein Wort verstanden hat und vermuten musste, ich wäre ein finnisches Au-pair-Mädchen.

Solche Erinnerungen erklären, warum ich hier allein lehne.

Deshalb und weil mich Frauen wie sie nie ansprechen. Ich scheine wie ein defekter Magnet immer die falschen Damen in meine Nähe zu ziehen.

Und wie aufs Stichwort kommt da auch schon die nächste Kandidatin aus dem Stroboskopnebel gewankt. Natürlich sieht sie aus, als wäre sie Teil einer lesbischen Boygroup, und ich fürchte, sie will mir ihre Muskeln aus der Nähe zeigen. Ich gucke jetzt einfach mal sehr arrogant. Und wenn es hart auf hart kommt, spreche ich wieder finnisch.

Anne: So ein Hugo schmeckt doch eigentlich ganz lecker und von hier aus sieht sie noch besser aus. Allerdings auch ein bisschen arrogant. Wenn das schlaksige Kind mit der dicken, grauen Wollmütze mal beim Schlendern einen Hitzschlag erleiden könnte, wäre die Sicht wieder besser. Bleibt die jetzt etwa bei ihr stehen?

Bitte nicht!

Bitte nicht!

Gut!

Anika: Wunderbar, auch diese zu tief sitzende Jeans ist an mir vorbeigegangen.

Wo kann sie denn nur hin verschwunden sein, die Frau an der Säule? So groß ist der Laden hier doch nicht. Vielleicht ist sie schon nach Hause? Oder hat jemanden kennengelernt und sich mit ihr auf die Terrasse zurückgezogen.

Würde diesen Tag abrunden.

Und diesen Monat.

OK, es würde zum ganzen Jahr passen.

Im lesbischen Horoskop ist mein Sternzeichen wohl Panda oder Koala. Die sind auch so kompliziert, wenn es um die Paarung geht. Aber possierliches Beuteltier hin oder tapsiger Bär her, wenn sie zur Tür gegangen wäre, das hätte ich doch sehen müssen.

Anne: Jetzt guckt sie wieder. Aber zur Tür. Und zur Terrasse. Sie ist bestimmt verabredet, wusste ich doch. Frauen wie sie sind immer verabredet.

Anika: Was rede ich mir denn ein, dass ich es schaffe in einem Raum den Überblick zu behalten? Ich habe doch auch vor zwei Monaten nicht bemerkt, dass meine letzte Eroberung nach unserem tragischen One-Night-Stand mit dem Toaster verschwunden ist. Hab immer noch nicht verstanden, warum sie ausgerechnet den mitgenommen hat. Der war doch schon seit mindestens

einem Jahr defekt. Gut, dass konnte sie nicht wissen.
Bis zum gemeinsamen Toasten sind wir ja gar nicht erst
gekommen. Nicht einmal bis zum Kaffee.

Vielleicht steht sie ja auf der anderen Seite der Säu-
le? Sehen kann ich sie auf jeden Fall nicht.

Anne: Hat sie jetzt suchend geguckt? In die Richtung, in der ich vorher gestanden habe? Jetzt guckt
sie auf jeden Fall in die andere. Wieso sollte sie auch
nach mir gucken? Wenn ich es bis in ihr Blickfeld
schaffen könnte, dann könnte ich sehen, ob sie wieder nach mir gucken würde, wenn wir uns einmal
angeguckt hätten.

Ich klinge wie eine Lektion in deutscher Gram-
matik. Übung 22: der Konjunktiv!

Egal, ich gehe trotzdem wieder zurück zur Säule.

Anika: Da ist sie ja wieder. Hat sich wohl ein Getränk
geholt? Und sieht mit dem Getränk immer noch sehr
interessant aus. Und alt genug, um schon einen eigenen
Toaster zu haben. Wahrscheinlich sogar eine eigene Ein-
bauküche. Sie scheint auch allein hier zu sein. Aber sie
guckt nicht in meine Richtung.

Natürlich nicht.

Frauen mit eigener Einbauküche interessieren sich
einfach nicht für mich. Frauen mit Schlafsack, Frauen
ohne Toaster, klar. Aber mit Küche? Nie!

Jetzt bloß nicht auffällig in ihre Richtung starren. Eher geschickt genau dann gucken, wenn sie nicht guckt. Was nicht schwer ist, denn sie guckt ja überhaupt nicht in meine Richtung. Sie sieht sehr sympathisch aus, soweit ich das aus den Augenwinkeln beurteilen kann. So, als ob sie ganz entspannt der Musik lauscht. Jetzt schließt sie die Augen. Ist wahrscheinlich ihr Song. Den gleichen Musikgeschmack haben wir auf jeden Fall nicht.

Anne: Warum guckt sie bloß nie in meine Richtung? Nicht ein einziges Mal? Nicht mal zufällig? Und jetzt noch dieser Song! Der Sänger klingt, als würde ihm jemand ohne Betäubung die Mandeln entfernen. Ich hasse dieses Lied, ich hasse es leise und so laut hasse ich es 10 Dezibel mehr. Und mir schmerzen die Augen vom Rauch der glühenden Hindenburg, die neben mir ihrem sicheren Ende entgegenkreist. Wenn ich könnte, würde ich die Ohren und die Nase schließen und nicht die Augen. Wieso kann man eigentlich die Ohren und die Nase nicht schließen? Flusspferde können ihre Ohren und ihre Nase verschließen. Warum fällt mir so etwas jetzt ein?

Anika: Wenn sie das nächste Mal in meine Richtung schaut, dann lächele ich ihr einfach zu. So, wie sich Frauen anlächeln, die Toaster haben und Einbauküchen mit Kochinseln und jede Menge Teller und Tassen, die zueinander passen. Und dann lächelt sie vielleicht zurück und wir lächeln wie Frauen, die sich irgendwann gemeinsam ein vielteiliges Kaffeeservice aussuchen werden. Ich habe mir noch kein einziges Küchengerät gemeinsam mit einer Frau ausgesucht. Ich habe noch nicht einmal eine Beziehung gehabt, die die Mindesthaltbarkeit einer Dosensuppe überdauert hätte. Ich habe auch gar keine Dosensuppe im Haus. Nie gehabt. Nur eine Dose mit Pfirsichen. Und eine mit Mischpilzen, die auf dem Dosenumschlag blass und unappetitlich aussehen. Außerdem mag ich gar keine Pilze und weiß nicht, wie die Dose in meinen Küchenschrank gekommen ist. Warum fällt mir das jetzt alles ein?

Sie macht die Augen wieder auf …

Jetzt lächle ich sie an …

Achtung …

Fertig …

Beide: Hat sie mich jetzt direkt angesehen?
Und angelächelt?

Anne: Ich gucke jetzt einfach noch einmal im Raum umher und dann wieder in ihre Richtung.

Anika: Ich gucke jetzt einfach mal auf den Boden und dann wieder in ihre Richtung.

Anne: Warum guckt sie denn jetzt auf den Boden? Dann gucke ich auch lieber wieder weg.

Anika: *Warum guckt sie denn jetzt wieder weg?*

Anne: Mein Gott, wie mein Herz schlägt. War das jetzt ein Augenkontakt oder habe ich mir das nur eingebildet? Ich trinke jetzt einen Schluck und dann schaue ich zu ihr hin und wenn sie dann auch guckt dann … … ja, was dann? Keine Ahnung was dann.

Anika: Sie guckt! Sie guckt mich an! Oder steht da noch jemand hinter mir? Das wäre ja peinlich. Ich muss demonstrativer gucken. Wie guckt man demonstrativ? Wahrscheinlich sehe ich aus, als ob ich gleich einen Schlaganfall erleide.

Anne: Sie sieht mich wirklich an.
    Mich!
    Wahnsinn!
    Und jetzt?

Gehe ich zu ihr rüber?

Warte ich, ob sie rüberkommt?

Lieber noch mal gucken.

Anika: Wow, mit ganz großem W. Noch so ein Augenkontakt und mein optischer Schlaganfall wird ein richtiger Herzinfarkt. Sie sieht echt süß aus. Von mir aus kann sie morgen früh meinen neuen Toaster mitnehmen und in ihre Einbauküche stellen. Ich werde ihr jetzt zuzwinkern, obwohl das bei mir immer aussieht, als ob ich etwas im Auge habe.

Anne: Hat sie jetzt gezwinkert? Oder hat sie was im Auge? Ich könnte sie ja fragen, ob sie tanzen will. Aber ich will gar nicht tanzen. Ich würde gerne mit ihr reden, aber dazu ist es viel zu laut. Ich kann doch nicht sagen: Kommst du mit mir nach draußen?

Ich schlendere einfach an ihr vorbei und sage etwas Lustiges, etwas Ungewöhnliches ...

Anika: Warum kommt sie denn nicht endlich herüber? Was soll ich denn noch an Gesichtsgymnastik versuchen?

Wenn sie zu mir käme, dann würde ich vielleicht was sagen ... etwas Lustiges ... was war noch lustig?

Anne: Ich gehe jetzt rüber und dann sage ich ...

Anika: Sie kommt auf mich zu. Ich muss etwas sagen! Etwas Witziges! Nichts Doofes! Nichts Finnisches!

Anne: Noch fünf Schritte, sechs, wenn ich kleinere Schritte mache. Ich sage einfach …

Anika: *Ich sage einfach …*

Beide: Entschuldigung, weißt du, wie spät es ist?

Wege zu dir

Hm/Em/A/Hm

Habe Herzen erobert,
viele Nächte verträumt,
hab übertrieben geliebt,
mich gegen Nähe gesträubt,
hab mich reingestürzt,
in Gefahren begeben,
meinen Träumen geglaubt
und sie dann aufgegeben.

Habe schön gemalt
und dann schwarz gefärbt,
war Experiment
oder umgekehrt,
hab nicht fest gekämpft
ein echter firefighter
mich selbst ausgebremst
und liebte dennoch weiter.

In meinem Leben,
hat es viele gegeben,
man könnte sagen,
sie warn die Straßen
auf dem Weg zu dir.

Hab mich komplett gefühlt
und beim Sex geschämt,
hab rumphantasiert,
mich nach mehr gesehnt,
hab aus Rücksicht gelogen
und aus Angst hab ichs auch,
wurd in den Himmel gehoben
oder nur gebraucht.

Ich habe alles genommen
und hab alles gegeben,
mich ins Licht gestellt
und mit am Boden gelegen,
hab gewünscht, es wird gut
oder ist bald vorbei,
war Teil einer Symbiose
und auch ein Teil von drei.

**In meinem Leben,
hat es viele gegeben,
man könnte sagen,
sie warn die Straßen
auf dem Weg zu dir.**

Ich habe Altäre gebaut
hab was echt war zerstört,
wurde überfahren
und viele Male verführt,
hab in Augen geschaut
und konnte dabei nicht reden,
habe ja gesagt
und war von Herzen dagegen.

Ich hab vermisst, dass es weh tat
dadurch die Nähe verspürt.
Ich stand direkt daneben
es hat mich nicht berührt.
Wurd von der Eifersucht
heftig manipuliert.
Ja, von der Liebe hab ich
all diese Narben hier.

**In meinem Leben,
hat es viele gegeben,
man könnte sagen,
sie warn die Straßen
auf dem Weg zu dir.**

Wilde Zeiten

Letzten Samstag waren wir endlich auf dieser neuen Frauenparty, in diesem coolen Club im Hafen ... Also wir waren so gut wie da ... fast ...

Wir hatten uns diesen Ausflug zur Party auf einem Treffen unseres Kochclubs zwischen dem veganen Hauptgericht und dem fruktosefreien Dessert vorgenommen.

Nicht vorgenommen, sondern jubelnd beschlossen.

Alle acht anwesenden Frauenpaare waren sich einig gewesen, dass wir das am nächsten Samstag auf jeden Fall machen wollten. Unbedingt! So wie früher! Um 11.00 Uhr treffen und dann um 12.00 Uhr in diesem Laden auftauchen und die ganze Nacht durchtanzen und trinken und mit der ersten Bahn nach Hause fahren.

Mit dem Bauch voll ökologischem Gemüse, auf bequemen Stühlen und leicht angetrunken hatten wir uns gegenseitig überboten mit den Geschichten aus unseren wilden Zeiten. Wisst ihr noch wie wir mitten in der Nacht von der Frauenparty in Essen zur Frauenparty nach Wuppertal gefahren sind? Alle wussten es noch und alle schrien lachend durcheinander.

Wir haben den falschen Zug genommen!

Wir sind erst um 4.00 Uhr angekommen.

Die Party war schon total tot.

Wir sind direkt weiter, sind zum Bahnhof, um gemeinsam Pizza zu frühstücken!

Mit glänzenden Augen hatten wir uns angesehen, und wir waren wieder junge unerschrockene Lesben, die freitags, samstags und jeden ersten Mittwoch lässig im flackernden Licht bunter Scheinwerfer tanzten.

Ich hatte die im Hintergrund seit Stunden plätschernde Spotify-Playlist von Kaffeehausmusik zu Dancehits der Neunziger geändert und wir hatten die Stühle lachend zur Seite geschoben. Genau in diesem Augenblick hatten Heike und Anke eine Textnachricht der Babysitterin bekommen, dass ihr Sohn sich fiebrig übergeben habe, und alle hatten das nach einem Blick auf ihre Uhren zum Anlass genommen, sich ebenfalls auf den Weg zu machen.

Unsere Partyverabredung stand natürlich trotzdem und wir konnten es alle gar nicht abwarten. Endlich wieder Nachtleben! Das hatten wir uns versichert, bevor sich das letzte Paar um 21.30 Uhr verabschiedete und nach Hause gefahren war. Ich hatte die Playlist zu peacefull piano gewechselt und wir hatten um 22.00 Uhr glücklich und satt im Bett gelegen.

Am frühen Sonntagmorgen schieden Anke und Heike nach einer Nacht mit viel Kinderkotze und wenig Schlaf aus. »Kann ein Norovirus sein«, schrieben die beiden in unserer gemeinsamen Whatsapp-Gruppe. Da weiß man nie, wie lange das dauert, und wir wollen ja niemanden anstecken! Vielleicht beim nächsten Mal?

Gute Besserung, textete es von allen Seiten. Immerhin waren wir noch 14 Frauen. Das würde also trotzdem ein großer Spaß werden.

Am Montag schrieben Britta und Birgit, dass sie völlig übersehen hatten, dass ihr Saftfasten am Partysamstag begann. »Und das ist genau der Tag, an dem wir unseren Darm reinigen und für die folgende Fastenwoche vorbereiten. Abführen ist so ein wichtiger Vorbereitungsprozess, den können wir nicht überspringen.«

Ping! Ping! Ping!, machte mein Handy, denn alle bestätigten das!

Trinkt ihr am ersten Tag morgens auch Sauerkrautsaft?, fragte Anke noch in die Gruppe, bekam aber die Antwort lange nicht mit, weil Heike sich tatsächlich mit dem Norovirus angesteckt hatte und sich zeitgleich neben dem Küchentisch übergab.

Bis Dienstag hatten Julia und Simone in einer geführten Meditation herausgefühlt, dass eine so dramatische Unterbrechung des gewohnten Abendrituals ihren Schlafrhythmus wahrscheinlich für Wochen stören würde. Bis 22.00 Uhr würden sie gerne mitgehen oder in eine Location, die überwiegend warmweiße Lichtquellen oder Filtergläser in Gelb einsetzte. Das viele blaue Licht in der Nacht würde tagelang wie Koffein wirken.

Meine Frau las die Nachricht und schaute auf ihren doppelten Espresso. »Hatten wir früher eigentlich auch einen Schlafrhythmus oder haben wir da nur so vor uns hin geschlafen?

Ich sah sie schulterzuckend an, während sie den beiden digitale Absolution erteilte.

Am Mittwoch blieb es ruhig, und so textete ich am Abend die Bahnverbindungen zur Party an die Gruppe.

Wir würden bei uns gemeinsam starten, die letzte Bahn fuhr 0.45 Uhr, sollten wir die nicht nehmen wollen, fuhr die erste wieder um 5.45 Uhr.

Als hätte ich eine winterliche Schneeschuhroute zum Nordpol getextet, vibrierte mein Handy mit den nervösen Fragen von vier Teilnehmerinnen, die sich nach dem Zustand der Züge, des Bahnhofs allgemein, der Sicherheit, der Beleuchtung auf den Wegen zur Haltestelle und der genauen Zeit des Sonnenaufgangs erkundigten. Ich googelte den Sonnenaufgang (6.19 Uhr) und gab bereitwillig zu, dass ich über den Rest wenig wusste. Wie auch, ich war schon seit Jahren nicht mehr um 5.45 Uhr an einem Sonntagmorgen draußen gewesen. Alle 4 entschieden sich daraufhin, ihr Leben nicht durch eine so schlecht vorbereitete Expedition zu riskieren, und schlugen stattdessen ein zusätzliches Treffen der Kochgruppe vor, vielleicht zum Wandern im Harz oder im Elbsandsteingebirge.

Die verbliebenen 6 Frauen versicherten sich am Donnerstag kurz, wie unerschütterlich ihr Wunsch nach unserer wilden Partynacht war, und tauschten den Rest des Abends Rezepte für Low-Carb Abendessen und Apfel-Avocado-Smoothies aus.

Am Freitag ging die Sonne um 6.18 Uhr auf, konnte aber mit all ihrem hellen Licht nicht verhindern, dass Corinna auf dem Weg zur Arbeit eine Stufe übersah und sich den Knöchel verstauchte. Fest bandagiert forderte sie zwar ihre Frau zur Teilnahme auf, war aber dann doch froh, am Samstagabend nicht alleine vom Sofa zum Kühlschrank hüpfen zu müssen.

Die restlichen vier Partygirls behielten sich ängstlich im Auge, während die Zeiger der Uhren sich rasend auf den Samstag zubewegten. Schlaflos wälzten wir uns in der Nacht von Freitag auf Samstag in unseren rückenfreundlichen Springboxbetten und fühlten, wie die Bandscheiben sich mit unwilligem Knacken auf das lange Stehen und das musikalisch untermalte Hüpfen vorbereiteten.

Inga und Mia erschienen am Samstag pünktlich vor unserer Tür, es war 21.00 Uhr und es wurde schon dunkel. Wir standen eine Weile unschlüssig im Flur und schwiegen. »Habt ihr eigentlich die neue Staffel von OITNB schon gesehen«, fragte meine Frau in die kleine Runde und alle sahen sie mit Hoffnung an. »Nein, ist die schon raus?« Inga sah ihre Frau an und beide hielten ängstlich den Atem an. Der nächste Satz würde unser Schicksal entscheiden. Ich nahm allen Mut in die Hand: »Ist gestern gekommen, wir können ja mal reinschauen ...«

»Echt!« Das Glück in Ingas und Mias Stimmen erfüllte den ganzen Flur, und als könnte jemand doch noch kommen und uns hinaus in die dunkle unbekannte Nacht zerren, sprinteten wir alle zum Sofa und ließen uns erleichtert in die Kissen fallen. Draußen war es jetzt ganz dunkel und irgendwo machten sich jungen Frauen fertig, um diese Nacht durchzutanzen.

»Zur nächsten Party gehen wir aber ganz sicher!« Ich verteilte kleine Schälchen mit Hirsesalat und Grünkernfrikadellen, die wir vorsichtshalber vorbereitet hatten.

»Auf jeden Fall!« Inga nahm sich ein zweites Kissen und Mia legte die Füße hoch.

»Ich kann es gar nicht abwarten, endlich mal wieder tanzen zu gehen.

Alle elf Minuten

Du stehst noch immer da, mit diesem freundlichen, fragenden Blick und der Stadtplan in deiner Hand flattert leicht im Wind. Deine Frage ist von einem schüchternen Lächeln begleitet und dein Zeigefinger ruht sehr weit weg von deinem Ziel, der ehemaligen Fabrikhalle, in der heute Abend die Party stattfindet. Ich hatte dich schon in der Bahn gesehen und gelächelt, weil der Plan sich deinem Versuch, ihn sinnvoll zu falten, so erfolgreich widersetzte und du deine Beine wiederholt ungeduldig übereinandergeschlagen hast.

Ich konnte sehen, dass du zwei schreiend bunte, unterschiedliche Socken trugst. Inmitten der grauen Stadt und der neonblassen Bahn waren diese Socken wie wild ausgesäte Sommerblumen, die sich trotzig aus dem Beton zwängten.

Das gefiel mir.

Du gefielst mir.

Ich konnte in der Scheibe sehen, wie die dunklen Wände des U-Bahntunnels vorbeiflogen und dass dir immer wieder eine Haarsträhne ins Gesicht fiel, wenn du dich über den widerspenstigen Papierplan beugtest.

Eigentlich hatte ich diese Bahn schon um 3 Minuten verpasst, bevor ich überhaupt im Bahnhof war, weil mein Bus zum Bahnhof sich verspätet hatte und ich die Treppen nicht hinunterrennen wollte.

Aber dann stand sie noch da, die Bahn, mit weit offenen Türen, weil irgendein Signal nicht funktioniert hatte.

Wäre das rote Licht am Eingang des Tunnels wie immer planmäßig grün geworden, dann hätte ich deine leuchtenden Socken nie sprießen gesehen.

Ich begreife, was Signalwirkung bedeutet, denn schließlich hat ein trotziges Signal entschieden, dass wir uns jetzt hier gemeinsam über die topografische Stadt beugen.

Ich schiebe deinen Finger auf dem Plan an den richtigen Platz und erkläre dir lachend, dass ich auch auf dem Weg zu der Party bin, und du lachst auch und es klingt erfreut. Wir gehen nebeneinander die dunkle Straße entlang. Du erzählst mir, dass du eigentlich eine viel frühere Bahn nehmen wolltest, aber dann noch eine Freundin getroffen hast, die du schon seit Jahren nicht mehr gesehen hattest.

Ich hatte sie eigentlich schon verpasst, sage ich, während unsere Jackenärmel im Gehen ein paar Fasern tauschen.

Was für ein Zufall, schmunzelst du und schaust mich kurz an.

Ja, sage ich, was für ein Zufall.

Eigentlich will ich gar nicht an sowas glauben, sagst du nach einem kurzen Schweigen und dein Ton ist für den Satz zu leicht und dein Blick ist für den Satz zu tief.

Sowas? Du meinst den Zufall, frage ich.

Du nickst.

Wäre dir lieber, es gäbe für alles im Leben einen großen Plan? Ich schaue bedeutungsvoll auf den Stadtplan, den du in deiner rechten Hand zerknüllst.

Ja, sagst du und lächelst die zerknitterten Straßenzüge an, das wäre mir lieber, obwohl ich den wahrscheinlich auch weder richtig lesen noch richtig falten könnte.

Wir lachen beide und gehen ein paar Schritte schweigend. Die Straße liegt still und dunkel vor uns, nur eine Ampel erzählt mit gleichmäßigem Blinken davon, dass sie ihren Dienst über Nacht eingestellt hat. Ich fühle glückliche Verwunderung darüber, dass du und ich und die arbeitslose Ampel uns alle gleichzeitig am gleichen Ort befinden.

Pro Sekunde kommen 2,5 Menschen zur Welt.
Alle drei Minuten berichtet ein Mensch, ein Ufo gesehen zu haben.
Alle 15 Minuten wechseln Menschen beim Atmen das Nasenloch.
Alle 30 Sekunden wird bei Ebay ein Handy ohne Vertrag verkauft.

Wahrscheinlich an Menschen, die ein Zweithandy brauchen, um jemanden anzurufen, den sie eigentlich nicht anrufen dürfen, und damit langfristig jemand anderen zum Single zu machen, der sich dann in Deutschland alle 11 Minuten bei Parship verliebt.
Du fragst mitten in meine Gedanken, ob ich schon mal bei dieser Party war und ob du mich zu einem Getränk einladen dürftest. Ich atme ungewollt freudig durch beide Nasenlöcher gleichzeitig ein und nicke.

Alle 7 Stunden ging ein Single in den letzten Jahren zum Kühlschrank und fragte sich, warum wieder keiner eingekauft hatte.
Alle 5 Monate googelte ein Single den Namen einer Ex und stellte fest, das ihr Beziehungsstatus unverändert unkompliziert war.

Alle 4 Wochen wurde ein Single von guten Freundinnen zum Essen eingeladen, bei denen zufällig noch eine alleinstehende Frau saß, die auch die 11 Minuten Marke verpasst hatte.

Alle 12 Monate nahm ein Single an einem Gruppenurlaub teil

Alle 13 Monate löschte ein Single die Kontakte aus dem Gruppenurlaub hastig und beschloss, in Zukunft alleine zu wandern.

Deine Hand streift im Gehen meine Hand und wir sehen uns kurz und grundlos glücklich an.

Einmal im Leben wird rot nicht grün und die Zeit wird belanglos.

Ziemlich schön

D/Hm/A/G

Viel mehr hab ich nie gewollt.
Liegst da in einer Haut aus Gold.

G/D/A
Wenn wir uns berühren
werd ich alt, so alt.
Ich muss nicht mehr jagen
bin schon der Wald.

D/Hm/G/A
Das, was wir nicht sagen
und dennoch verstehn.
Das, was wir nicht fragen,
sondern einfach so sehn.
Das, was wir wissen
und was wir ignoriern.
Was wir beschützen möchten,
macht uns ziemlich schön.

D/Hm/A/G

Vielmehr kann ich gar nicht sein.
Liege da, weiß wie Elfenbein

G/D/A

Wenn ich mit dir rede,
werd ich still, so still.
Ich muss nicht mehr siegen,
bin schon am Ziel.

D/Hm/A/G

Viel mehr halt ich gar nicht aus,
liegen da, so als wären wir zuhause.

Impressum

© konkursbuch Verlag Claudia Gehrke 2019
Lieder: Anika Auweiler / Im Irgendwo. Musik: Anika Auweiler. Text: Anika
Auweiler und Sarah Brasack / Märchenhaft. Musik: Anika Auweiler. Text:
Anne Bax / #niemehrallein. Musik: Anika Auweiler. Text: Anne Bax / Wunsch Frei.
Musik: Anika Auweiler. Text: Anika Auweiler, überarbeitet von: Sarah Brasack.
Texte: Anne Bax. Gestaltung: Verlag & Freundinnen. Fotos: Lena Manteuffel.
PF 1621, D – 72006 Tübingen, Telefon: 0049 (0) 7071 66551
E-Mail: office@konkursbuch.com   www.konkursbuch.de
Gerne schicken wir Ihnen auch unser gedrucktes Gesamtverzeichnis.
ISBN: 978-3-88769-658-0 E-Book: 978-3-88769-659-7